Pe. IVO MONTANHESE, C.SS.R.

Vida de São Maximiliano Kolbe

O SANTO QUE ESTEVE NO INFERNO

**EDITORA
SANTUÁRIO**

Copidesque: Ana Lúcia de Castro Leite
Revisão: Elizabeth dos Santos Reis
Diagramação: Simone A. Ramos Godoy
Capa: Mauricio Pereira

Dados Internacionais de Catalogação na Publicação (CIP)
(Câmara Brasileira do Livro, SP, Brasil)

Montanhese, Ivo
Vida de São Maximiliano Kolbe: o santo que esteve no inferno./ Ivo Montanhese. – Aparecida, SP: Editora Santuário, 2004. (Coleção Vida de Santos)

ISBN 85-7200-966-3

1. Igreja Católica – Clero – Biografia 2. Kolbe, Maximiliano, Santo, 1894-1941 3. Santos cristãos – Polônia – Biografia I. Título. II. Série.

04-8177   CDD-282.092

Índices para catálogo sistemático:

1. Santos: Igreja Católica: Biografia 282.092

8ª impressão

Todos os direitos reservados à **EDITORA SANTUÁRIO** – 2024

Rua Pe. Claro Monteiro, 342 – 12570-045 – Aparecida-SP
Tel.: 12 3104-2000 – Televendas: 0800 - 016 00 04
www.editorasantuario.com.br
vendas@editorasantuario.com.br

I
Agosto de 1939

Em toda a Europa há cheiro de pólvora nos ares. As grandes potências confabulam entre elas, fazem pactos de mútua ajuda; mas ninguém confia em ninguém. Chamberlain faz aliança com Daladier; Ribbentrop voa até Moscou e assina com Stalin um tratado de paz e de não agressão. Mas nem Adolf Hitler, na Alemanha, nem Joseph Stalin, na Rússia, levam a sério esses tratados. Valem tanto como os papéis assinados. França e Inglaterra prometem ajudar se alguém for atacado. Mas não ajudam ninguém.

Na Alemanha, o Partido Social Nacionalista, o partido nazista, está no poder. Hitler armou a Alemanha, que se mostra belicosa, audaciosa e arrogante. Sua primeira vítima é a Áustria, que é anexada ao III Reich. Hitler fala que seu país precisa de espaço vital. Exige que a Polônia lhe entregue Dantzig e o corredor polonês, para que a Alemanha tenha uma saída para o mar Báltico.

É claro que os briosos poloneses recusam-se. Adolf Hitler concentra seus poderosos exércitos nas fronteiras polonesas. As forças da Polônia não se comparam com as forças nazistas. Os poloneses são valentes e destemidos, mas não estão preparados para uma guerra moderna. Que poderia sua cavalaria contra os tanques blindados alemães? Uma aviação fraquíssima em comparação com a *Luftwaffe* e seus poderosos *Junkers*. No ataque um exército motorizado de envolvimento rápido. Já não se lutava em trincheiras. Os heroicos poloneses combatiam com um ardor descomunal. Cada soldado era um novo João Sobieski redivivo! Mas agora era uma guerra-relâmpago, uma *Blitzkrieg*.

O fronte cedeu. As forças foram batidas e encurraladas. "Retirada em massa". Eram os comunicados constantes.

O último reduto da resistência era Varsóvia, a capital da Polônia. Era um baluarte fantástico. Mas a aviação alemã despejava toneladas e mais toneladas de bombas, não somente sobre ela, mas sobre outras cidades e vilas. Oitenta por cento dos edifícios e casas estavam destruídos. A Polônia era uma tocha viva. Esquadrilhas dos famosos *Junkers* dia e noite, umas após outras, arrasavam tudo.

A bela Varsóvia ficou um montão de ruínas. Os prédios um após outro iam tombando. Não houve tempo para evacuar a cidade e, mesmo sendo uma cidade aberta, não foi poupada pelos nazistas. Por isso também a mortandade de civis foi enorme. Homens, mulheres e crianças eram despedaçados pelas bombas que não escolhiam pontos para destruir. Cada estrondo lançava para os ares pedaços de carne humana, braços, pernas, cabeças e troncos. O sangue corria pelas ruas devastadas. Horror e mais horror!

E a guerra estava perdida. Foram 19 dias de um drama horrível. Aqueles que queriam resistir ainda tinham de escolher: a prisão ou a morte. Valentes, eles preferiram a morte.

A Polônia teve de se render. Ferozmente humilhada, despertou em meio às ruínas. Por toda a parte os campos de batalha estavam juncados de cadáveres que apodreciam insepultos, porque não havia quem lhes desse uma cova para seu eterno descanso.

As botas dos vencedores arrogantes pisoteavam os pobres vencidos. Foram estabelecidos métodos satânicos de extermínio.

A Gestapo, polícia nazista, de uma ferocidade animalesca, enchia as prisões de vítimas. Os famigerados SS, elite das forças de Hitler, fuzilavam homens, mulheres e até crianças. Por toda a parte espalhou-se o terror!

Com a rendição da Polônia, Joseph Stalin, aproveitando-se do pacto de não agressão com a Alemanha, atirou seus exércitos contra o povo polonês. E foram até piores que os nazistas. Foram feitos prisioneiros dez mil oficiais poloneses. Mais tarde o ministro polonês perguntou onde se encontravam esses prisioneiros. Ironicamente, Stalin respondeu: "Acho que fugiram pela Manchúria..." Mas quando os alemães invadiram a Rússia encontraram sob o bosque de bétulas, em Katin, oito covas rasas contendo os ossos desses prisioneiros.

O país estava agora dividido.

Pobre Polônia! Pobre Varsóvia! Desoladas, bem que poderiam lançar pelos ares o lamento da ópera de Verdi: *Ó mia patria sí bella e perduta! Ó membranza sí cara e fatal!* (Ó minha pátria tão bela e perdida, ó lembrança tão cara e fatal.)

A França e a Inglaterra protestaram, e declararam guerra à Alemanha. Mas, tarde demais! Hitler zombou das duas potências e continuou suas agressões.

Frei Maximiliano Kolbe

II

Maiores Desgraças Ainda...

Pouca valia tinham os tratados de paz.

Adolf Hitler, em poucos dias, em 1939, esmagara a infeliz Polônia. De 5 a 24 de junho de 1940 era a vez de a França ser derrotada, numa *Blitzkrieg* (guerra--relâmpago). Esses fáceis e rápidos triunfos subiram à cabeça de Hitler. Embriagado pelas vitórias, sonhou destruir a Rússia. Vencida esta, com certeza, a Inglaterra proporá a paz, assim pensava o "Führer".

Existe, porém, um tratado de não agressão entre a Alemanha e a Rússia. Mas, para o prepotente nazista, que importam os tratados de paz, de não agressão? Ele sonha destruir também a Rússia.

Seus generais estão apreensivos. A Rússia não é uma Polônia ou uma França. É uma vastidão imensa. Irá exigir muito dos soldados alemães. Mas está resolvido: a Alemanha atacará também a Rússia. E isso acontece no dia 22 de junho de 1941.

Todo o material bélico concentra-se na Polônia. Hitler quer atacar primeiramente a Ucrânia. É necessário, porém, garantir a retaguarda. Por isso é preciso limpar tudo o que ficaria para trás. E assim, todos os dias, milhares de poloneses eram fuzilados. Aqueles que tinham certa liderança eram presos e sumariamente trucidados.

Mas também os judeus eram considerados inimigos odiosos aos nazistas. Foi determinado que eles deveriam ser aniquilados. Seria a solução final. O ministro Himmler, chefe da famosa SS, corpo de elite de Hitler, era o encarregado desse extermínio.

Havia prisioneiros poloneses, franceses. Havia judeus poloneses, judeus franceses, havia judeus em toda parte. E a polícia caçava-os na França, na Bélgica, na Holanda, na Polônia. Qual o crime? Serem judeus e portanto inimigos do povo alemão. Era necessário criar uma raça pura. A raça ariana. A raça que deveria governar o mundo.

E para colocar tantos prisioneiros foi necessário criar muitos campos de concentração. Surgiram os campos de Rovensbrück, de Dachau, de Buchenwald, de Amtitz, de Sobibor e o maior e pior de todos, o de Auschwitz.

As prisões ficaram entulhadas de prisioneiros, de homens, de mulheres e até de crianças. Depois eram levados para os campos de concentração.

A Polônia não deveria constituir perigo algum na retaguarda dos exércitos alemães que começaram a avançar sobre a Rússia. Por isso havia os fuzilamentos em massa daqueles que poderiam influir no povo polonês. Era preciso, então, tirar os judeus de circulação.

Havia um frade franciscano que incomodava a Gestapo. Aliás, todos os sacerdotes incomodavam a Gestapo. O nome do frade era Maximiliano Kolbe.

No dia 19 de setembro, soldados do exército alemão,

da célebre Wehrmacht, apresentaram-se às portas do convento de Niepokalanów.[1] Aos berros, mandaram que todos saíssem. "Saiam todos!"... Deviam deixar aquela casa imediatamente. Não podiam levar nenhuma roupa. No convento podiam ficar somente dois frades: um enfermeiro e um frade ajudante, para cuidar dos feridos e dos enfermos. Os frades pediram que o superior, Frei Maximiliano Kolbe, ficasse. Mas ele não quis ficar, e disse: "Frei Ciríaco será mais útil do que eu". E partiu com o grupo. Foram amontoados em caminhões, e depois em vagões de transporte de gado, na maior sujeira. No dia 24 de setembro frei Maximiliano Kolbe e seus companheiros chegaram ao campo de concentração de Amtitz. Aí tiveram uma pequena amostra do que deveria ser o *Inferno de Auschwitz.*

Os prisioneiros eram duramente tratados. Uma humilhação após outra. Obrigados a trabalhos forçados. Uma alimentação miserável. Os guardas batiam neles como se fossem animais. Passavam fome e frio...

Esse campo já era repleto de horrores. Maus-tratos, triste promiscuidade, fome, frio e a prepotência dos guardas que tratavam os prisioneiros a pontapés e chicotadas.

Tudo isso fazia com que aqueles homens se embrutecessem e se degradassem. Havia uma promiscuidade de homens adultos, de jovens, de mulheres e de moças. Homens que foram exemplares cidadãos, agora

---

[1] Niepokalanów significa "Cidade da Imaculada". Falar-se-á dela muito ainda.

são ladrões que furtam a seus próprios companheiros de infortúnio. Furtam pedaços de pão que os companheiros escondem nos travesseiros ou debaixo dos cobertores. Detentos que delatam seus companheiros. Mulheres que foram exemplares mães de família, que se prostituem por um pedaço de pão ou um pouquinho de sopa. Moças, já sem esperança de uma vida honesta, entregam-se à mais degradante orgia.

Frei Kolbe animava os prisioneiros. Que tivessem confiança na Imaculada Virgem Maria. Para todos tinha uma palavra de conforto e de carinho. Animava seus confrades. Ele os organizou de modo que podiam rezar e meditar mesmo com os duros trabalhos e a pancadaria que os afligiam. Tinham sido proibidos de levar roupa de baixo e de lavar as que usavam. Havia um inferno de pulgas e piolhos. O cheiro era horroroso naqueles galpões.

Frei Kolbe animava-os e dava-lhes coragem. Não era apenas o superior. Era um pai carinhoso. Era uma mãe solícita para com seus filhos espirituais.

Mas Frei Maximiliano Kolbe tinha uma visão do futuro. Previa que seu fim não estava distante. Como bom patriota, via sua querida Polônia arrasada pelos alemães. Eram verdadeiros bárbaros, vândalos do século XX, homens sem misericórdia. Com eles realizava-se o antigo ditado: *"Vae victis!"* (Ai dos vencidos!).

Os brutamontes alemães estavam desconcertados vendo aquele frade magro, que olhava para eles com um olhar de doçura, sempre com um sorriso nos lábios. Chegava a oferecer-lhes medalhas da Imaculada. Fazia isso não para provocá-los ou zombar deles. Tinha-lhes todo respeito. E os soldados, sem querer, mostravam-se mais humanos.

Apesar de tantos tormentos e sofrimentos, ainda estava longe o verdadeiro inferno que estava por vir. Os prisioneiros passavam fome, sim, mas não morriam de fome.

Certo dia Maximiliano Kolbe falou a seus confrades religiosos: "Coragem, meus filhos! Nossa missão está para terminar. Vamos aproveitar esses poucos dias que ainda temos para nossa missão. A Imaculada vai ajudar-nos!"

A profecia de Frei Kolbe realizou-se. Foram postos em liberdade no dia 8 de dezembro, festa da Imaculada Conceição de Maria.

Mas Maximiliano Kolbe não alimentava ilusões. Sabia que não sobreviveria a essa guerra. Lembrava-se da coroa vermelha que lhe fora proposta. Os frades aos poucos foram voltando ao convento de Niepokalanóv. Chegaram 200, logo seriam 300. Mas nem todos podiam voltar. Eram procurados pela Gestapo. Maximiliano Kolbe preparava-se para seu último combate.

Joseph Stalin aproveitou-se do tratado de não agressão com a Alemanha e invadiu a outra parte da Polônia. Os russos não ficaram devendo nada aos nazistas em brutalidade. Eram até piores. Stalin, que massacrara mais de vinte milhões de compatriotas, não teve escrúpulos de massacrar milhares de poloneses inocentes. Os exércitos russos, compostos de soldados bêbados, desqualificados, não têm controle algum. São poucos os generais e os altos oficiais, pois no expurgo geral, o ditador mandara fuzilar seus generais e oficiais com medo de uma revolta que o depusesse.

Os russos arrasam tudo. Saqueiam. Estupram as mulheres. Invadem os conventos de religiosas e estupram todas as freiras. Nem as anciãs são poupadas.

Os russos fizeram prisioneiros dez mil oficiais poloneses. Não se sabe quantos civis ou soldados foram mortos na ofensiva russa.

Quando Hitler declara guerra à Rússia, seus soldados não encontram resistência. Os russos não têm generais e oficiais suficientes. Por isso vão recuando. Mas vem a ordem de Stalin para destruir tudo. Terra arrasada! Casas e cidades destruídas. Gênero alimentício, que não podia ser carregado, era queimado. Queimadas eram as lavouras. O gado era abatido. Era uma tática de guerra.

Sem o auxílio dos Estados Unidos da América do Norte e da Inglaterra, a Rússia estava de joelhos. Os alemães chegaram a vinte quilômetros de Moscou, capital da Rússia. Já se podiam avistar suas altas torres.

Mas Hitler em seu orgulho queria ser o supremo comandante da guerra. Dele chega aos combatentes uma ordem misteriosa: parar a ofensiva e recuar. Os generais batem os pés de raiva. Não é possível. Mais uns dias e tomariam Moscou, onde estariam abrigados do terrível inverno que se aproximava. Mas ordem era ordem para aqueles homens educados e formados numa obediência cega. Não tiveram alternativa senão obedecer à ordem de Hitler. E aí começou a derrocada da ofensiva alemã.

III

A Caminho do Inferno

Como será o inferno? Vamos até Auschwitz e talvez teremos uma pálida ideia do que possa ser o inferno.

O poeta italiano, Dante Alighieri, dividiu sua monumental obra, a *Divina Comédia*, em três partes: Inferno, Purgatório e Céu. Quando terminou a primeira parte, o Inferno, o próprio poeta estava tão impressionado com o que escrevera que andava pelas ruas de Florença como um sonâmbulo. Aqueles que o encontravam diziam: "Aí está um homem que voltou do Inferno". A descrição dos nove círculos do inferno, onde estão as diversas categorias de pecadores, é impressionante. E o poeta tem de descer até o último dos nove círculos, que são sotopostos, conduzido pelo poeta romano Virgílio. Depois de atravessar uma selva tenebrosa, e no barco de Caronte atravessar o Estige, Dante Alighieri chega às portas do Inferno.

Os gritos dos condenados, seus urros, os tormentos que sofrem aqueles desgraçados, sem nenhuma esperança de um mínimo refrigério, eternamente imersos nesses sofrimentos, são horripilantes.

1. Primeiro círculo do inferno

Mesmo a descrição tão crua do Inferno de Dante não se compara com o inferno do campo de concentração de Auschwitz. Vamos até lá? Mas esperem ainda um pouco. É preciso fazer uma preparação antes de entrar nos horrores desse inferno.

Por que o frei Kolbe foi preso? Na Polônia, os nazistas, com seus métodos de lento extermínio, seguiam sobretudo um critério: liquidar as elites, os cabeças. E o frei Kolbe era um autêntico líder. E por isso era um indesejável nos planos nazistas. Seu destino seria a morte. Ele bem sabia disso.

Estamos no dia 17 de fevereiro de 1941. A guerra contra a Rússia já estava planejada. França, Bélgica, Holanda estavam esmagadas. Era preciso agora garantir a retaguarda na Polônia. Nesse dia, um carro estranho parou à frente do convento. Era um carro preto. Todos sabiam que era o carro usado pela famigerada Gestapo.

Alguns indivíduos descem do carro e batem à porta do convento. O porteiro, ao abri-la, dá de frente com os soldados. O frade porteiro fica amedrontado e corre para alertar o superior.

"É verdade que eles estão aí?" — pareceu estar angustiado. Era um homem que se dominava nas mais difíceis circunstâncias. "Está bem. Já vou. Maria Imaculada dá-me forças."

E frei Kolbe foi ao encontro deles. Estão agora frente a frente. Aquele frade magro, aquele religioso frágil, consumido pelos trabalhos e doenças, e cinco soldados fortes e avermelhados.

O religioso saúda-os como o costume do país: "Louvado seja Nosso Senhor Jesus Cristo!"

Mas eles não respondem nada. Um deles pergunta: "Você é Maximiliano Kolbe?"

"Sim, sou Maximiliano Kolbe" — respondeu.

"Então, venha conosco."

Foi preso com mais quatro padres. Desses, somente dois sobreviverão. Antes de embarcar no carro, frei Kolbe olha pela última vez sua querida Niepokalanóv com seus queridos irmãos. Do fundo de seu coração abençoou a todos. E o carro partiu. Frei Maximiliano Kolbe sabia que nunca mais voltaria para sua Niepokalanóv, para o meio de seus irmãos.

No começo seu destino foi Varsóvia, ficando encarcerados na terrível prisão de Pawiak, no centro da cidade. Das janelas dos andares superiores, podia-se observar o Gueto de Varsóvia, residência dos judeus, praticamente destruído. Quase todos os judeus iriam ser mandados para os campos de concentração. Pelo menos meio milhão deles.

Essa prisão era uma coisa pavorosa. Somente seu nome causava arrepios naqueles que o ouviam. A prisão diariamente se enchia e também diariamente se esvaziava, porque milhares de poloneses eram fuzilados em seus pátios. Ninguém sabia o número dos executados. De seus andares superiores podia-se ver até onde a vista alcançava que mais de oitenta por cento dos prédios da cidade estavam destruídos.

Como eram vários os países vencidos, o número de prisioneiros era muito grande. Por isso ali foram construídos muitos campos de concentração. Seja suficiente lembrar Ravensbrück, Dachau, Buchenwald, Amtitz, Gross-Rosen, Dora, Mauthausen, a pavorosa Treblinka, Sobibor, Majdanek, Bergen-Belsen e a infernal Auschwitz.

Foi um tempo terrível nessa prisão. Frei Kolbe ficou na cela 103. Logo conquistou a amizade e a simpatia de outros prisioneiros. Ouvia pacientemente o relato dos companheiros, muitos deles esgotados pelas torturas sofridas. Rezava por eles e com eles. Consolava-os.

Mas um dia frei Kolbe passou por uma duríssima prova. Houve uma inspeção geral na prisão. O chefe das SS, quando viu o religioso com seu hábito franciscano, teve um verdadeiro ataque de raiva e furor. Espumando de ódio, arrancou o rosário que o frade tinha no cinto e vociferou: "Imbecil, cretino, porco, padreco, vá-me dizendo se acredita nessas bobagens, mostrando o crucifixo do rosário?"

"Sim, eu acredito!" — respondeu calmamente o frade.

E um forte tapa estalou no rosto do pobre frade que dobrou o corpo. Sentiu na boca o gosto de sangue.

"Então, você ainda acredita?"

"Sim, eu acredito!"

Aí começou uma saraivada de socos acompanhada de horríveis blasfêmias. O rosto do padre, de lívido, começou a ficar roxo. Depois de cada pancada, frei Kolbe levantava-se com maior dificuldade. Mas mostrava uma firmeza sem igual.

"Então, diga-me se ainda acredita!"

"Sim, eu acredito!"

Numa profissão de fé de um verdadeiro sacerdote católico, frei Kolbe, apesar de a violência do alemão nazista, respondeu: "Sim, eu acredito!"

A ira daquele carrasco não conheceu mais limites. Socos no rosto, pontapés e horríveis blasfêmias. A vítima ficou prostrada no chão. O esbirro cansado de bater, virou as costas, bateu a porta e lá se foi, talvez plenamente satisfeito porque pode descarregar toda a sua peçonha contra um sacerdote.

Pouco a pouco frei Kolbe foi levantando-se. Seu rosto estava cheio de hematomas. Horrivelmente vermelho.

Seus companheiros de cela estavam revoltados com a cena que tinham presenciado. Mas ele procurou acalmá-los. Apesar de estar desfigurado, mal podendo falar, falou sem ódio no coração: "Não é nada! Seja tudo pelas almas! Seja tudo para a Imaculada! Deus tenha piedade dele!"

Os médicos, também eles prisioneiros e que tinham de prestar serviços naquela prisão, aproveitaram-se do incidente e transferiram o pobre frade para a enfermaria. Aquele algoz poderia voltar a qualquer hora e extravasar toda a sua bílis e todo o seu ódio na pobre vítima. Na enfermaria ele estaria livre daquele monstro.

Nesse meio de tempo deu-se um fato notável. Vinte frades do convento de Niepokalonóv vieram até à prisão e se ofereceram para ficar no lugar de Maximiliano Kolbe.

É claro que a troca não foi aceita. Os nazistas consideravam seu prisioneiro muito importante, e por causa de sua influência, muito perigoso para eles.

O prisioneiro podia raramente escrever para seus filhos. E tudo era rigorosamente censurado. Nessas cartas Kolbe demonstrava todo o seu carinho pelos frades. Eram palavras cheias de estímulo e de confiança na Imaculada.

Aqui vai um trecho de sua última carta escrita da prisão de Pawiack: "A Imaculada, nossa Mãe amorosa, sempre nos rodeou de cuidados e de ternura e velará sempre... Por que vocês se preocupam, meus filhos? Nada de mal nos pode acontecer, se Deus e a Imaculada não o permitirem. Deixemo-nos conduzir por ela cada vez mais docilmente, para onde ela nos quiser levar seja qual for seu desejo, a fim de que, cumprindo nosso dever, possamos por meio do amor, salvar *todas* as almas".

Assim ele termina sua última carta escrita no dia 12 de maio.

2. Segundo círculo do inferno

A prisão estava superlotada. Os prisioneiros deveriam ser transferidos para darem lugar a novos detentos. Entre os nomes de uma longa lista estava o de Maximiliano Kolbe. Seu destino era Óswiecim, onde se achava talvez o pior campo de concentração de toda a história: Auschwitz.

Nesse campo os nazistas mataram mais de quatro milhões de condenados que sofreram as mais atrozes torturas físicas e de espírito. Os alemães faziam questão de, antes de matar os condenados, liquidá-los moralmente. Os prisioneiros tornavam-se um rebanho de pessoas que já não tinham mais dignidade humana.

Os fornos crematórios fumegavam dia e noite. Cada dia procurando melhorar seus métodos de extermínio. A ordem de Himmler[2] era: "A solução final". Acabar principalmente com os judeus, homens, mulheres e até crianças. Mas também sacerdotes, pastores, freiras iam para as câmaras de gás, ou eram fuzilados ou enforcados, como também os que morriam de fome e maus-tratos. Tornavam-se um punhado de cinzas nesses fornos, que cada dia tinham mais eficiência. Era um Inferno!

Você, leitor, tem coragem de ir até lá? Então vamos!

3. Terceiro círculo: Viagem ao inferno

A prisão de Pawiak estava superlotada de prisioneiros judeus, ciganos, sacerdotes e gente importante da Polônia. Era preciso esvaziá-la, porque a Gestapo diariamente efetuava mais prisões. Era uma varredura completa. Novos prisioneiros deviam ocupar os lugares daqueles que aí já estavam.

---

[2] Suicidou-se em 1945, imediatamente após ser preso pelas tropas britânicas.

Apareceram então as listas daqueles que deveriam ser transferidos para outros lugares. Para os campos de concentração, certamente. Na lista constava o nome de Maximiliano Kolbe.

Um comboio estava a caminho de Varsóvia, já com inúmeros prisioneiros. Eram homens famintos e sedentos. Eram mulheres famintas e sedentas. Eram mocinhas e rapazes e até crianças sedentas e famintas. Todos famintos e sedentos. O trem parou na estação ferroviária, ao norte de Varsóvia.

Aqueles coitados gritavam desesperados: "Um pouco de água, por misericórdia!" Estendiam as mãos através dos vãos dos vagões e suplicavam aos guardas: "Estamos morrendo de sede e de fome. Um pouco de água, por amor de Deus".

Mas aqueles homens sem misericórdia ainda zombavam dos pobres coitados: "Logo vocês irão ter água e comida em fartura! Aguentem ainda mais um pouco..."

Pelas ruas, quase todas destruídas, da antiga e bela Varsóvia, os soldados alemães tomam posições. Aos berros ordenam que todos se afastem para dentro das casas ou atrás das ruínas. Apavorados todos se afastam. Sabem que esses monstros não respeitam ninguém. Ou vêm chicotadas, ou se preciso for um tiro. E lá fica estendido não importa quem.

Abrem-se os portões da temida Pawiak. Em filas de quatro, vão saindo os prisioneiros escoltados por soldados fortemente armados de metralhadoras. Nem pensar em fugir. Nem dar um passo fora da formação. Seria mais um morto a ficar estendido na rua.

O triste cortejo toma o rumo da estação ferroviária. Homens e mulheres e até crianças caminham com dificuldades. Estão sujos e macilentos. Trazem nos rostos e nos corpos os sinais dos maus-tratos sofridos naquela terrível prisão, cujo nome causava arrepios em quem o ouvia. Quase que há um suspiro de alívio por sair daquele lugar. Poder respirar os ares das ruas e não os ares infectos daquelas celas imundas!

Aqueles que espiam através das frestas das janelas veem um padre no meio dos presos. Está magro, com o rosto inchado pelos golpes recebidos. Caminha com dificuldade, mas sereno. É Maximiliano Kolbe.

Passa também uma mulher com um nenezinho no colo. Talvez se chame Débora. É ainda moça. Tem longos cabelos pretos. Tem olhos pretos. O rosto está afilado porque já curtiu a fome na prisão. Seu rosto reflete amargura. Seu esposo fora preso por ser judeu. Nunca mais o viu. Nunca mais teve notícias dele. Também ela um dia fora presa, arrancada de seu lar semidestruído e arrastada à prisão de Pawiak. Seu crime era ser uma judia, e por isso deve morrer também. Agora somente lhe resta sua criancinha, seu único bem. Por isso aperta-o contra o peito enquanto caminha com outros prisioneiros. Coitada! Fora uma bela moça. Agora se cobre com andrajos. Seus cabelos há muito não viam um pente. Banho? Na prisão era um luxo que não se podia esperar. O corpo, além da fome, era atormentado pelas pulgas e pelos piolhos. Aquele cortejo fúnebre caminha impelido pelos carrascos. Se alguém fraqueja e cai, é forçado a se levantar aos golpes do cano de um fuzil. Se não consegue erguer-se, como não há tempo para perder, um carrasco chega perto dele, encosta o revólver na cabeça do coitado. Um tiro seco soa e o pobre deixou de sofrer.

Chegam todos à estação ferroviária. Não é um trem de luxo, não. São vagões de transportar gado. Já estão apinhados com prisioneiros vindos de outras cidades. Débora entra. Vai para um canto com seu filhinho nos braços. Faz um calor infernal. O cheiro é nauseabundo. Gente que há tempo não sabe o que é um banho. Não há sanitários. É natural, pois vagões de gado não precisam de sanitários.

Débora percebe que seu nenê está mal. Ah! Se conseguisse um copo de leite! Mas onde arranjar essa preciosidade? Pelos menos um copo-d'água. A criancinha tem a boca seca. A linguinha parece um pedacinho de lixa. A boquinha semiaberta já respira fracamente e com dificuldade. Débora tira o seio murcho e o achega àquela boquinha. A criança ainda chupa. Mas não há nenhuma gota de leite. A mãe inclina-se sobre aquele rostinho e de seus olhos ainda escorrem algumas gotas de lágrimas. O menino procura engoli-las. É seu último alimento.

Diz a lenda que as aves chamadas pelicanos, quando não encontram alimento para seus filhotes, com o bico abrem o peito e, com o sangue que escorre, os alimentam. Essa mãe também talvez gostasse de abrir seu peito e alimentar o filhinho com seu próprio sangue. O pequeno estremece no colo da desventurada mãe e amolece seu corpinho. Está morto. Um grito triste irrompe do peito daquela mulher: "Morreu! Morreu meu filhinho. Mataram meu filhinho! Assassinos!"

Levanta-se apertando a criança ao colo. Ouve-a um carrasco. Aproxima-se e tenta arrancá-la de seus braços. Agora aquela mulher vira uma leoa ferida. Defende-se e defende seu tesouro. Uma coronhada de fuzil abre-lhe o crânio e o sangue jorra abundante. Ela tomba desacordada no piso do vagão. A criancinha é arremessada para fora. Se não houver quem a sepulte, servirá de comida para os cães vadios que rondam por toda a parte.

4. Chegamos ao quarto círculo do inferno

Finalmente, o trem parte da Estação Norte de Varsóvia. É para Óswiecim que se dirige. Devagar. Irá parar em outras cidades durante o percurso. Amontoados, num calor infernal aqueles prisioneiros sentem o começo de um inferno.

Débora acorda. Daí um pouco começa a rir. De repente solta uma gargalhada. Todos olham para ela. Está fraca. Não consegue se levantar. Mas continua rindo, rindo, rindo...

Débora perdera a razão. Leva umas chibatadas para que se levante. E ela ri, ri e continua rindo. A dor de sua alma é maior que a do chicote do algoz que a derruba sentada. Ela aperta os braços como se ao colo ainda apertasse o filhinho...

É quase noite quando o comboio chega em Óswiecim. Aí está o campo de concentração para o qual são destinados esse prisioneiros. Os alemães deram-lhe o nome de Auschwitz, porque talvez tivessem dificuldade de falar Óswiecim. Ali mais de quatro milhões de prisioneiros encontraram a morte. Não vai dar tempo para selecionar os prisioneiros. Precisam passar mais uma noite na imundície dos vagões.

De manhã, apenas clareia o dia, começa o desembarque. Formam duas filas. Dois médicos nazistas postam-se para selecionar os prisioneiros. Separar aqueles que prestam para os trabalhos e os "inúteis", como mulheres e crianças e fracos. Com o polegar voltado para baixo os médicos mostram os que devem ficar em um grupo, e com o polegar para cima os que devem ficar em um outro grupo. Maximiliano Kolbe apesar de magro, frágil quase não podendo se movimentar, não se sabe por que, é mandado para o primeiro grupo.

Os da direita são os que ainda servem para algum trabalho. Os da esquerda terão um novo destino. E que trágico destino! Débora está nesse grupo. Ela continua rindo e de vez em quando solta uma gargalhada.

O grupo da direita recebe a ordem para marchar em quatro filas. Vão parar diante de um grande portão que dá entrada para o campo. Com uma cerca de arame farpado e eletrificada. As construções são grandes blocos. Ali estão os fatídicos fornos crematórios e as câmaras de gás. Chegados ao portão do campo os prisioneiros podem ler, em letras grandes: *"Arbeit mach frei"*, isso quer dizer: "O trabalho liberta". Que ironia!

Entrada do campo de concentração de Auschwitz:
" O trabalho liberta"

Os blocos onde ficava o local das execuções

Forno crematório do campo de concentração

Dante Alighieri depois de atravessar uma mata pavorosa e o Estige, chega às portas do Inferno. Diz que lá está a inscrição: *"Lasciate ogni speranza voi che intrate! Queste parole di colore oscuro vid´io scritte ao sommo d'una porta"* (Deixai toda esperança, vós que aqui entrais. Essas palavras fatídicas eu as vi escritas em cima de uma porta). Isso é o que deveriam ter escrito, e não que o trabalho escravo liberta.

Separados, os grupos são colocados entre dois blocos. No fundo desses blocos ergue-se um paredão revestido de madeira pintada de preto. E um grande tablado. Nas beiradas dele cordas sinistras balançam no ar.

Vem então a advertência: "Aqui se deve obedecer às normas para o bem de todos. Para aqueles que as desobedecerem, vejam o que lhes acontece!" Encostados no paredão estão vários homens completamente nus. Não trazem vendas nos olhos. Alguns guardas arrastam um homem para as forcas. O pobre debate-se. Mas é levado para cima do tablado, arrastado por colegas prisioneiros forçados a isso. Passam-lhe a corda e apertam a laçada em redor do pescoço. Não lhe põem venda nos olhos. Depois dão-lhe um empurrão, e aquele corpo balança no ar, agitando pernas e braços.

Os guardas gritam: "Olhem todos para aquele muro". Os olhares petrificados de pavor voltam-se para lá. Uma fileira de homens nus e mulheres nuas encostadas à parede. Muitos homens mostram serem judeus, pois trazem os sinais da circuncisão. A uma ordem do chefe, uma metralhadora começa a pipocar.

E aqueles corpos vão caindo como se fossem peças de dominós enfileiradas. Um guarda passa, de revólver em punho, e os que ainda agonizam recebem na cabeça o golpe de misericórdia. Depois outros prisioneiros vão retirando os corpos e levando-os para os fornos crematórios.

O chefe berra: "Isso acontecerá para aqueles que não quiserem sujeitar-se às normas estabelecidas! Agora marchem!" E o grupo vai entrando para os galpões ou blocos. É a prepotência dos vencedores. É a prepotência de uma raça que se julga superior, a raça ariana, que pode pisotear a raça mais fraca, a raça dos escravos, conforme Nietzsche. Por isso também é preciso rebaixar os outros, tirando-lhes a dignidade, animalizando-os, despersonalizando-os, quebrando-lhes a vontade. Pouco resta para eles como seres humanos.

Pobres homens! *"Lasciate ogni speranza voi che intrate!"* (Deixai toda esperança, vós que entrais!)

5. Quinto círculo. Cada vez mais pavoroso

O grupo dos desvalidos, dos doentes, das mulheres, e até das crianças, recebe uma outra ordem: "Em filas de quatro!"

Todos obedecem no mesmo instante. Formam as filas de quatro. O chefe diz: "Vocês precisam tomar um banho para desinfetar o corpo, matar as pulgas e os piolhos".

Aqueles pobres pensam: "Que bom! Depois de tanto tempo, tomar um banho, principalmente com esse calor!"

E aquela turma move-se lentamente. Os carrascos estão impacientes e gritam: "Mais depressa! Andem!"

Mas a maioria está tão fraca que muitos tropeçam e caem. São levantados a coronhadas. Quem não consegue levantar-se é liquidado com um tiro na cabeça.

Finalmente chegam em frente de um grande edifício. Aglomeram-se perto da entrada. Novos berros dos guardas: "Tirem os sapatos!"

E eles vão tirando os sapatos que são recolhidos pelos guardas. Não vão precisar mais deles. Ouve-se então nova ordem: "Tirem toda a roupa!"

Para tomar banho é preciso mesmo tirar a roupa. E as pessoas vão se desnudando. Há entre essas pessoas muitas mulheres, moças, mães e até avós. Elas têm ainda senso de vergonha e de pudor. Hesitam... Mas diante dos berros dos carrascos começam a se despir.

Débora também começa a tirar seus farrapos ensanguentados. Mas ela não tem mais vergonha... Por isso ri, ri, ri sem parar. Os guardas olham para ela e não percebem que a pobre infeliz perdeu o uso da razão. Eles, porém, fazem chacota de outras mulheres. Caçoam delas e fazem os mais sórdidos gracejos. E aquelas mulheres procuram se proteger. Com as mãos procuram ocultar parte de seus corpos. Quanta humilhação, meu Deus! Os longos cabelos, enfeites das mulheres, já foram rapados. Servirão para o fabrico de cordas.

Aquela multidão nua vê que se abre uma larga

porta que dá entrada para um amplo salão. No teto os "chuveiros". Vem a ordem berrada: "Vão entrando..."

Aquelas pessoas apavoradas vão entrando, pensando num banho para tirar toda imundície dos corpos após tantos dias. Débora entra com eles sempre rindo. Certos momentos parece recobrar a razão e grita: "Quero meu filho! Onde está meu filhinho? Vocês mataram meu filhinho!" Depois solta uma gargalhada e aperta as mãos contra o peito, como se ainda acalentasse seu bebê. Um cano de fuzil empurra-a para dentro. E ela vai rindo, rindo, rindo... e solta sua última gargalhada.

Os carrascos[3] zombam: "Vão ver que banho gostoso. Nunca na vida vocês tomaram um banho assim!"

Entraram todos. Naquele salão há um cheiro esquisito. A porta é fechada. As mulheres sentem-se mais à vontade. Todos aguardam o despejar da água benéfica.

De repente ouve-se um ruído estranho. Um zumbido diferente do cair de água. Algo penetra pelas narinas. Quase todos tossem, tossem sem parar. É alguma coisa que arde, que queima. A garganta começa a ficar seca. Ainda se ouvem uns gritos. O desespero apossa-se de todos. Começam a cair. Vão caindo todos.

---

[3] Os carrascos não são apenas soldados nazistas. São principalmente prisioneiros condenados que deixaram as prisões em troca dos serviços nos campos de concentração. São bandidos, criminosos, assassinos, ladrões, estupradores e a pior espécie humana que existe. Por isso mesmo são terríveis executores das ordens dos chefes.

Então vem o silêncio. É um silêncio tétrico. Todos estão mortos após horrível agonia. Os chuveiros não continham água, mas sim gás ziklon ou sarin.

Depois de certo tempo a porta é aberta. Que cena macabra, digna do Inferno de Dante, aparece então. Aqueles corpos nus, nas mais diferentes posições, uns em cima de outros, com os olhos arregalados, as bocas abertas como que para captar um pouco de ar... Não, não se pode descrever cenas semelhantes.

São ligados possantes ventiladores que expelem os últimos resquícios de gás. Entram então os funcionários e vão retirando os corpos. Em carrinhos de ferro eles são levados aos fornos crematórios. Fornos que foram organizados cientificamente e fumegavam dia e noite. Havia uma comissão de técnicos encarregada de aumentar seu rendimento. E sempre havia novos progressos nos métodos de extermínio, e por isso mesmo foram suficientes para cremar mais de quatro milhões de pessoas. Os corpos começam a ser destruídos pelo calor. Há bicas por onde escorre a gordura. Servirá para engraxar as máquinas, os carros de assalto, e também para a fabricação de sabão. Pouco depois resta um monte de cinzas... e nada mais! Nos céus de Auschwitz eleva-se uma nuvem negra de fumaça nauseabunda.

Débora não ri mais. Não mais gargalha nem reclama seu filhinho. É agora um punhado de cinza. Débora existiu? Quem foi Débora? Foram centenas, milhares e talvez milhões as Déboras que sofreram as torturas, os ultrajes em toda a Europa. Foram Déboras que viram seus filhos sendo arrebatados de seus colos, para as experiências mais absurdamente pseudocientíficas. Déboras que perderam o uso da razão, quando um médico pseudocientista[4] injetava anilina nos olhos negros ou castanhos de seus filhos para torná-los azuis, como os da raça pura, ou eram objetos de vivissecção para experimentos. Déboras levadas como animais para os campos de extermínio. Déboras que viram seus filhos morrer de fome e frio nas prisões imundas e nos campos de concentração. Déboras que sofreram os maiores vexames em sua honra de mulheres, que foram despojadas de sua dignidade, que foram desumanizadas. Déboras que foram parar nas câmaras de gás, e depois nos fornos crematórios, tornando-se um punhado fétido de cinza. Essas são as verdadeiras Déboras.

6. O Bloco 14 era o sexto círculo do inferno

Maximiliano Kolbe entra no bloco 14. Agora não vai mais se chamar Maximiliano. Terá apenas um número. Seu número será 16.670. Não podia esquecer esse número. Nunca pensara que aquele

---

[4] Dr. Joseph Mengele, criminoso nazista de guerra, que conseguiu fugir da Alemanha e veio refugiar-se no Brasil com falso nome. Apesar de procurado por uma organização judaica não foi capturado. Viveu pacificamente escondido. Morreu afogado em Bertioga e foi sepultado em Embú, estado de São Paulo.

lugar pudesse assemelhar-se a um inferno. Naqueles homens desumanizados, bestificados, surgem os piores instintos. Uma degradação pavorosa do ser humano. Ninguém seria capaz de acreditar nisso em tempos normais. E o homem torna-se para o outro homem um verdadeiro lobo.

Aí se sofre uma fome horrível. Uma fome que dá cãibras no estômago, que faz o ventre queimar como fogo. Um calor insuportável ou um frio de enregelar.

Os pobres prisioneiros são constantemente humilhados. Sistematicamente precisam ser aviltados. Calcados aos pés pelos dominadores. Tudo isso minuciosamente programado.

As principais vítimas são os judeus. Podem ser considerados felizes aqueles que enfrentam o paredão dos fuzilamentos. Pois cessam para eles os atrozes sofrimentos. Mesmo as forcas não mais os atemorizam. As câmaras de gás até poderiam ser consideradas suaves em comparação com os tormentos físicos e morais.

Os sacerdotes aparecem em segundo lugar como vítimas dos maus-tratos. Eram chamados de "padres porcos". Ninguém sabe porque tamanho ódio. Os coitados eram obrigados a fazer os mais baixos serviços e os trabalhos mais árduos. Constantemente vibravam as chicotadas sobre suas costas. Eram publicamente humilhados, apanhando como animais. Ódio ao padre!

Os sacerdotes católicos davam um testemunho de amor e de fé para aqueles homens. Maximiliano Kolbe começou seu apostolado no meio daquelas feras e daqueles infelizes. Fazia parte da companhia *Babice*, que

Frei Maximiliano Kolbe - prisioneiro

era a mais atormentada. Seu chefe chamava-se Krott. Todos chamavam-no: o sanguinário. Esse monstro perseguia frei Kolbe com ódio satânico.

A escritora Maria Winowski, sobrevivente desse campo de extermínio, biógrafa de Maximiliano Kolbe, conta ter ouvido de uma testemunha ocular, padre Sweda, muitos detalhes dos tormentos e do inferno que frei Kolbe suportou em Auschwitz.

O tal de Krott, dizem que chamá-lo de demônio seria chamá-lo de santo. Era um monstro que nem poderia ser comparado a uma fera.

Krott tinha um ódio feroz contra os padres, e perseguia frei Kolbe o tempo todo. Juntamente com seus companheiros, ele tinha de transportar correndo grossos troncos de árvore. Sabemos que frei Kolbe era um homem fisicamente fraco, embora fosse um gigante espiritualmente. Doente como era, caia sem forças sob o peso dos troncos. Krott desferia sobre o dorso do sacerdote uma saraivada de chicotadas.

Não havia revolta em Kolbe. Quando os companheiros queriam ajudá-lo, ele dizia-lhes: "Cuidado! Não facilitem que pode sobrar para vocês também. A Imaculada ajuda-me e eu vou aguentar".

Esse inferno durou duas semanas. Parece que Krott tinha pensado a noite inteira imaginando que maldades ainda poderia fazer contra Kolbe e assim saciar seu ódio. E surgiu a ocasião.

Um dia Krott observou como seu prisioneiro se arrastava com dificuldade. Agora, pensou ele, vou me divertir um pouco com esse porco polonês.

Krott em pessoa escolheu os troncos mais grossos colocando-os no ombros do padre e cinicamente ordenou: "Carregue isto e vá correndo!"

Frei Kolbe tentou executar a ordem. Deu uns passos e sua vista escureceu, ... cambaleou e caiu.

Krott atirou-se sobre ele, dando-lhe botinadas no ventre e no rosto, berrando histericamente: "Padre porco!... Não quer trabalhar, hein? Preguiçoso! Vou já mostrar-lhe como se deve trabalhar".

Na hora da parca refeição chamou Kolbe. Mandou que se deitasse sobre um monte de lenha. Chamou depois um daqueles carrascos e ordenou-lhe que aplicasse cinquenta chicotadas na pobre vítima.

Terminado o castigo, frei Kolbe não mais se mexeu. Então Krott arrastou-o para dentro de uma valeta, jogou uns galhos sobre seu corpo e o deu por morto.

Ninguém podia fazer nada por ele. Qualquer tentativa em ajudá-lo poderia piorar a situação.

Quando a noite desceu sobre o campo, tendo já terminado os trabalhos, foram seus companheiros recolher aquele trapo humano coberto de sangue. No dia seguinte foi dispensado dos trabalhos e foi internado no hospital.

O hospital era um lugar de horrores... Os doentes morriam às centenas e aos milhares. Sem remédios, ficavam amontoados três ou quatro numa só cama, ardendo em febre, consumidos pelas pulgas e piolhos. Kolbe escolheu para si um dos piores lugares. Ficou perto da porta, porque dizia: "Daqui posso ver os mortos serem retirados e rezar por eles".

Todos, enfermeiros e companheiros, admiravam aquele homem. Tinham por ele cada vez mais admiração e grande estima. Kolbe repetia sempre: "Por Jesus Cristo, estou pronto a suportar tudo. A Imaculada está comigo e me ajuda!"

O padre Sweda conta que, uma tarde, um enfermeiro levou-lhe às escondidas um copo de chá. Isso seria, para aqueles enfermos que ardiam em febre, uma bebida dos deuses. Houve uma surpresa geral quando frei Kolbe rejeitou a bebida, dizendo: "Os outros não têm chá, e eu também não quero. Não quero ser exceção!"

Maximiliano Kolbe tinha alma de apóstolo. Queria salvar todas as almas que pudesse. Mesmo havendo severa proibição e ameaças de duros castigos, durante a noite atendia a confissão dos doentes. A noite inteira. Assim que a noite vinha, no escuro, os doentes arrastavam-se como podiam para perto de seu leito e lá ficavam longos minutos.

Um padre, que sobreviveu, contou que o Padre Kolbe o abraçava como uma mãe abraçaria seu filhinho, e lhe dizia afetuosamente: "Pense na Imaculada. Ela é a consoladora dos aflitos. Maria ama-nos, escuta-nos e ajuda a todos nós".

Maximiliano Kolbe ficou no hospital pelo espaço de duas semanas. Depois foi transferido para outro setor, o setor dos inválidos. Ali os detentos, dispensados dos trabalhos, recebiam apenas meia ração de alimentos. Muitas vezes ele dava sua parte. Dizia com candura: "Vocês estão com mais fome do que eu!"

Um dia profetizou. Disse a um jovem que queria salvá-lo fazendo até o impossível: "Não faça isso, meu rapaz! (lembrando-se da coroa vermelha, acrescentou): Eu não vou sobreviver. Vocês que são jovens, sim. Não arrisque nada por mim".

Naquele verdadeiro inferno ele mantinha uma serenidade impressionante. Animava a todos, principalmente os mais desencorajados. Àqueles que estavam deprimidos dizia: "Meus filhos, é preciso resistir. Vocês devem sobreviver. Confiem na Virgem Maria. Ela os ajudara! Ela os salvará!"

Com grande risco, fazia para os detentos lindas conferências, cheias de unção e espiritualidade.

Apesar de todos os esforços dos amigos ele não pode continuar no bloco dos inválidos. Foi transferido para o bloco 14. Ali o esperava a suprema provação

7. Sétimo círculo do inferno

Se o leitor tiver ainda coragem, vamos descer até o sétimo círculo desse inferno.

Frei Maximiliano Kolbe foi transferido para o bloco 14. Todos os blocos eram parte do inferno.

Estamos no fim do mês de julho de 1941. O dia foi de muito trabalho sob um sol escaldante. Foi um alívio quando o sol se escondeu e a noite se aproximou. Foi dado o sinal para terminar o duro trabalho. Agora uma sopa rala e insossa com um pedacinho de pão. Era a ração para cada preso.

Iam começar a entrar no pavilhão que servia de dormitório. Que suspiro de alívio poder descansar o corpo extenuado, mesmo sendo o colchão miserável e malcheiroso, cheio de pulgas e com um calor quase insuportável naquele ambiente. Mas famintos e cansados como estavam, para aqueles homens, nada melhor que algumas horas deitados.

Na entrada para o grande dormitório alguém vai contando os presos. Quando entra o último prisioneiro, ele fala: "Está faltando um prisioneiro. Deve ter fugido..."

A notícia corre como fogo num rastilho de pólvora.

"Alguém conseguiu fugir."

Ouve-se a voz terrível do chefe: "Se até a manhã à tarde ele não aparecer, ou for recapturado, dez de vocês irão morrer no *bunker* da fome".

Um frio perpassou pelo corpo daqueles prisioneiros. É certo que muitos desejassem mesmo a morte. Não temiam tanto ser encostados num paredão e ser fuzilados, ou ser dependurados numa forca. Não temiam tombar num campo de batalha. Mas morrer de fome e sede... Agonizar dez, quinze ou mais dias... Ir secando como uma flor cortada de seu ramo? Esses pensamentos não deixavam ninguém dormir naquela noite.

O *bunker* era uma coisa pavorosa. Era um quartinho às vezes com uma pequena fresta para entrar um pouco de ar e um pouco de luz. Era sujo, imundo.

No acampamento contavam-se coisas horrorosas sobre os condenados ao *bunker*. Eram ouvidos os gritos e urros deles durante a noite, apesar das grossas paredes de concreto. A angústia tornava esses condenados verdadeiras feras. Até os próprios carcereiros tinham pavor deles. Essas pobres criaturas não tinham mais nada de humanos. O pior de tudo era uma sede horrível. Era esse o martírio mais doloroso.

Como foi possível em pleno século XX inventar esse suplício para os irmãos?

"Alguém fugiu... Agora dez de nós irão para o *bunker*. E se a desgraça cair sobre mim?"

Esses homens, que foram heróis da resistência na guerra, agora choram como crianças.

Mal clareia o dia, um toque de corneta desperta todos os blocos. Reúnem-se todos no grande pátio. O comandante avisa: "O prisioneiro não foi encontrado. Se ele não aparecer até as 17 horas, dez do bloco 14 irão para o *bunker* da fome. Somente o bloco 14 fique em formação. Os outros blocos podem retirar-se.

Que alívio para os demais prisioneiros! Mas os do bloco 14 estão apavorados, eu diria até bestificados, porque tudo isso ultrapassa a resistência de um ser humano. Mas é isso mesmo que aqueles algozes querem. Querem antes da morte reduzir em frangalhos toda resistência, todos os vestígios de dignidade de um ser humano.

Todos os prisioneiros de pé, em formação, sob um sol escaldante. Não lhes é dada nem uma gota de água. Estão com a boca ressecada, com o estômago vazio. De repente a tontura faz com que alguém perca os sentidos e desmaie. É retirado para um canto e jogado aí. Outro... mais outros e assim muitos acabam desmaiados e atirados uns sobre os outros como se fossem toras de madeira.

Preces ardentes para que o fugitivo volte ou seja recapturado. Os prisioneiros agarram-se a qualquer esperança. E as horas vão passando terrivelmente lentas.

Há então um gesto de bondade. E que bondade... O comandante Fritsch concede meia hora de descanso para aqueles pobres coitados. É servida aquela sopinha rala e insípida. Para muitos será a última refeição na vida. Depois voltam todos para a formação em filas.

O comandante nazista caminha lentamente por entre as filas. Tem um prazer satânico em ouvir o que os pobres homens estão comentando. O terror das vítima era um delícia para o monstro cruel. Mas o silêncio era tanto que se podia ouvir o menor ruído.

Eram 17 horas. Era o prazo final dado para que o fugitivo aparecesse ou fosse recapturado.

O chefe do Campo grita: "Terminou o prazo. O fugitivo não foi encontrado, por isso dez de vocês vão morrer no lugar dele, no *bunker* da fome. E olhem bem: na próxima fuga serão vinte os que para lá irão".

Aproxima-se da primeira fila. Queria humilhar ao extremo suas pobres vítimas. Gritou: "Abram a boca, coloquem a língua para fora e mostrem os dentes".

Coitados! Nessa pose grotesca, boca aberta, língua para fora, são examinados como se fossem animais numa feira. Por que será que fazia isso? Quem será que ele quer escolher? Como era costume, liquidar os mais fracos, os imprestáveis para os serviços, ou os mais fortes para que agüentassem mais tempo e assim sofressem também mais?

Parece que o comandante Fritsch estava se divertindo para valer. Aqueles homens, como animais levados ao matadouro, tremiam e choravam. Era uma agonia terrível.

De repente Fritsch parou em frente de um prisioneiro. Esse tremeu. Fritsch apontando-lhe o dedo, gritou: "Este!"

O homem pálido como defunto é agarrado pelos guardas e arrastado para o meio do pátio. O ajudante de Fritsch, de nome Palitsch, escrevia num caderninho o número do prisioneiro escolhido. Escrevia o número porque em Auschwitz o prisioneiro não tinha nome, mas sim um número.

Lentamente Fritsch continuava sua escolha, apontando com o dedo: "Este!... Este daí!... Mais este! Agora aquele lá!..."

Como ele se divertia! A que ponto pode chegar a crueldade humana!

"Pronto! Vocês dez vão para o *bunker* da fome!"

Um homem saindo da fila chora gritando: "Minha esposa, meus filhinhos. Nunca mais poderei ver minha esposa e meus filhinhos!..."

Os que não foram escolhidos, respiram fundo. Escapar dessa terrível morte, desse pesadelo! Que alívio!

Os dez escolhidos estão formando um grupo à parte. É o grupo dos condenados. Estão pálidos, mudos, atordoados! Sabem que os alemães não recuam, não voltam atrás.

Palitsch, ajudante de Fritsch de agora em diante, vai comandá-los. Por isso ordena: "Tirem os sapatos!"

Isso já era um ritual que todos conheciam. Os condenados iam para o suplício descalços. Os tamancos fazem um barulho sinistro ao caírem no chão. Há soluços desses infelizes, principalmente daquele que há pouco lamentava sua esposa e seus filhinhos.

Agora Palitsch comanda novamente: "À esquerda! Vamos, andem!"

À esquerda ficava o bloco 13, depois do bloco 11. Entre os blocos 13 e 11 ficava o paredão dos fuzilamentos, revestido de madeira para que as balas não ricocheteassem. Lá estavam também as forcas com alguns corpos dependurados. No bloco 11, em seu subterrâneo ficavam os *bunker* da morte.

Foi nesse momento que aconteceu um fato único num campo de concentração nazista. Do meio dos companheiros, ainda paralisados de medo, sai um prisioneiro. Isso é provocar a própria morte. Não se admite indisciplina alguma.

Mas esse prisioneiro está calmo. Magro, esquelético, com a cabeça inclinada de um lado, vai olhando fixamente para o comandante Fritsch. Quem seria esse ousado? A notícia espalha-se rapidamente: "É o padre Maximiliano Kolbe!"

O comandante tira o revólver do coldre e dá um passo para trás gritando: "Pare! O que quer esse porco polonês?"

Aí está Maximiliano Kolbe, fraco, cansado, doente diante do poderoso chefe de Auschwitz. Kolbe fala baixinho que apenas os que estão mais perto o podem escutar: "Eu gostaria de morrer no lugar de um destes condenados..."

Fritsch ficou aturdido. Isso ele nunca iria compreender. E um carrasco como ele, que não admitia ser contrariado em nada em suas decisões, ele que resolvia uma situação como essa disparando seu revólver contra a cabeça do atrevido, agora está perplexo com a arma na mão.

Agora são dois homens opostos que estão frente a frente. O alemão tem na cara a ferocidade bestial de um depravado. O outro tem na face uma angelical doçura. Nos olhos do primeiro transparece o ódio; no olhar do segundo refletem-se o amor, a bondade, a meiguice e a mansidão. No comandante veem-se a arrogância, a prepotência de quem se julga superior, pertencente à raça ariana, à raça pura que deve dominar os fracos e até exterminá-los; no segundo reluzem a humildade, a mansidão e a bondade.

Nunca o nazista tinha presenciado um acontecimento como esse que agora estava enfrentando. Estava até apalermado diante daquele homenzinho fraco, humilde, que o encarava de igual para igual. Fritsch pergunta-lhe estupidamente:

– "Mas por que você quer ir no lugar de um outro?"

Frei Maximiliano Kolbe percebe que é ele quem domina o outro nesse momento. Há uma lei nazista que ordena que os velhos, os fracos, os inúteis para o trabalho sejam exterminados, por isso se aproveita dela e responde ao carrasco: "Estou velho. Minha vida não serve mais para nada. Minha vida não tem mais utilidade nenhuma".

"No lugar de quem você quer ir?" — pergunta o carrasco.

"Daquele homem que tem mulher e filhos..." — o frade responde.

Maximiliano apontou para o homem que tinha soluçado e gritado cheio de angustia. Era o sargento Francisco Gajowniczek.

A maioria dos presentes não ouviu nada daquele diálogo. Nunca tinham visto o comandante Fritsch falar com um prisioneiro. Mas a curiosidade desta fera foi mais forte que sua crueldade. Ele queria compreender o que estava acontecendo. Por isso perguntou: "E quem é... você?"

A resposta foi uma declaração solene do sacerdócio católico. Não disse que era um religioso, nem que era um frade franciscano. Não disse também que era o fundador de Niepokalonów. Mas sua resposta foi: "Sou um sacerdote católico...".[5]

Sabia que se declarando sacerdote católico tinha mais chance de ser atendido pelo terrível carrasco, pelo ódio que ele nutria pelos padres. E Kolbe queria morrer como sacerdote católico. Sabia que os que foram condenados iriam precisar dele para que o ódio pelos alemães, pelos inimigos, não tomasse conta de seus corações. Para que morressem perdoando até seus algozes... Para que o desespero não os levasse a uma morte longe de Deus.

Maximiliano Kolbe aguarda a resposta. Há um momento de silêncio. Não se sabe o que se passava no

---

[3] Homilia de beatificação pelo Papa Paulo VI, pág. 133.

cérebro daquele sanguinário. Nunca ele chegaria a saber que, como Pilatos, estava sendo instrumento para enviar um novo mártir para o céu. Ele que nunca voltava atrás de suas decisões não conseguiu negar o pedido.

Foi um momento solene. O rosto de Maximiliano Kolbe, barbeado, fazia até que parecesse mais novo. Poderia se dizer mesmo que um fulgor se desprendia de seu corpo. Não olhava mais para seu algoz. Seus olhos estavam voltados para longe... muito longe... Estavam voltados para o céu!

Já era o pôr do sol. Seus raios luminosos refletiam sobre aquele sacerdote católico que ia dar a vida por seu irmão, que talvez ele nem conhecia. Tudo nessa hora parecia estar celebrando aquele grande martírio. Por fim, o comandante respondeu com voz rouca que mais parecia o ganir de um cão raivoso: "Está bem! Vá com eles!..."

Interessante que as testemunhas sobreviventes de Auschwitz dizem que Fritsch não blasfemou, nem antes nem depois. O que se passava em seu espírito nunca alguém ficou sabendo. Depois da sentença ficou calado. Frei Maximiliano Kolbe rezava ardorosamente nesses momentos. Com toda a certeza ele rezava por seus perseguidores. Rezava por aqueles que Deus lhe confiava para os acompanhar nos derradeiros momentos.

O ajudante Palitsch esperava a decisão. Estava com a caneta na mão aguardando. Riscou um número que estava na sua lista e escreveu outro. Era o número 16.670. Era o número de nosso mártir. Para aquele carrasco foi simplesmente a substituição de um número pelo outro. Pouca importância tinha para aqueles carrascos a vida humana.

Era já o cair da tarde. Conforme testemunhas, elas nunca viram um pôr do sol mais bonito do que o daquela tarde. Um vermelhão no céu poente tingia o horizonte de púrpura escarlate. Começavam a acender nos céus as primeiras estrelas que eram como círios, porque o sacerdote ia celebrar sua última missa. Frei Maximiliano Kolbe tira os tamancos. Pode iniciar a missa: "Subirei ao altar do Senhor, do Deus que aceita minha vida!"

É gritada uma nova ordem: "Em frente! Marchem!"

Descalços, os condenados vão movimentando-se devagar. Estão a caminho do bloco 11, o bloco da morte. Os outros prisioneiros estarrecidos olham aquele cortejo sinistro, dez condenados à morte. O sacerdote católico Kolbe fecha a fila. Tem a cabeça levemente inclinada para um lado. Que oração ardente terá ele feito nesse momento?! Que oração terá saído do coração desse homem?

"Imaculada Maria, minha mãe! Agradeço-te porque cumpres tua palavra, tua promessa. Escolhi também as duas coroas, a branca e a vermelha, e tu me prometeste o céu. Agora serei coroado com a coroa vermelha e com ela entrarei no céu!"

Pode até ser que Maximiliano Kolbe se lembre nesse momento daquele hino que a banda do *Titanic* tocou pouco antes do grande navio ir a pique nas águas do oceano:

46

"Mais perto ainda, meu Deus,
mais perto ainda, meu Deus,
perto de ti!
Seja uma cruz embora que me alevante,
tu me ouvirás daí cantar sempre mais perto,
perto de ti!

Aparece em minha estrada,
aparece em minha estrada,
do céu a escada...
E tu me ouvirás dali cantar sempre mais perto,
perto de ti.

Se esquecerem tormentos, meus pensamentos
em tua adoração,
ó Pai bendito, bem vês que os esqueci,
por estar ainda mais perto,
perto de ti!

E se voando em breve, e se voando em breve,
Asas de neve...
Mais alto em fim subir que a lua e o sol,
tu me ouvirás daí cantar sempre mais perto:
perto de ti!"

Para quem visita Auschwitz, o bloco da morte causa arrepios. Nesse bloco, no *bunker*, milhares de vítimas agonizaram e morreram no meio das mais atrozes dores. O *bunker* está localizado nos subterrâneos do bloco 11. São pequenos quartos escuros, úmidos, muitos sem nenhuma fresta para renovar o ar.

No momento que frei Kolbe chega à porta do *bunker*, naquela tarde de fim de julho de 1941, em outros *bunkers*, mais de vinte infelizes agonizam. Gritos e urros que nem as grossas paredes de concreto podiam abafar causam um terror nas novas vítimas.

Agora Palitsch berra uma nova ordem: "Tirem as roupas!"

Aqueles homens, tontos de terror, obedecem tirando aqueles trapos do corpo, muitos manchados de sangue. É mais uma humilhação! Os carrascos faziam questão de humilhar, de massacrar e de destruir suas vítimas antes de as matarem em meio às mais atrozes dores.

Com a coronha dos fuzis, os condenados são empurrados para dentro do *bunker* que não tem ar, não tem leitos, nem um banco para sentar-se.

Mas frei Kolbe estava com eles. Ele iria ajudar aqueles míseros a morrer, um após outro.

Com estrondo a porta é fechada. E, agora sim, o que o poeta Dante Alighieri escreveu em sua *Divina Comédia*, dizendo ter encontrado na porta do Inferno, bem que poderia estar escrito em cima da porta do *bunker*: "Deixai toda esperança, vós que aqui entrais!" Palavras fatídicas para aqueles condenados.

Como amostra de como aqueles carrascos eram maldosos, sem misericórdia, que não sabiam o que era caridade nem amor, um deles ainda zomba da turma de condenados, dizendo: "Vocês vão ver. Vocês vão secar como tulipas!"

Esse algoz certamente não sabia quem era o frei Maximiliano Kolbe. O grande sacerdote iria transformar aquele inferno numa capela, numa porta do céu. Desde o momento em que a porta se fechou atrás do último condenado, Maximiliano Kolbe é o comandante do grupo.

8. Oitavo círculo do inferno

Sensação terrível! Frei Maximiliano Kolbe, o último da fila, acaba de entrar no *bunker* da morte. Com estrondo a porta de ferro se fecha atrás dele. É tudo escuro. Aqueles dez homens completamente nus estão em pé. Não há bancos para sentar-se. Estão apalermados. Choram e não sabem porque choram. Não têm mais capacidade para pensar no futuro. Não são capazes de pensar como será a morte terrível que os espreita.

Os gritos e os urros dos homens do *bunker* vizinho causam-lhes um arrepio de frio pelos corpos nus. O mau cheiro de seu *bunker* atordoa-os. Ninguém tem iniciativa para nada. Também não adianta nada mesmo.

De repente ouve-se uma voz naquela escuridão: "Meus filhos, tenham coragem. A Imaculada vai nos ajudar. Confiem nela! Ela é nossa mãe. É a mãe bondosa para com seus filhos. Mesmo que alguém não seja católico una-se a nós na oração".

Frei Maximiliano Kolbe assume assim a liderança do grupo. Reza com voz forte. Aqueles homens imitam-no. Então daquele *bunker* irradia-se para outros *bunkers* um grito ardente de prece. Agora é um canto cheio de esperança. Mais orações.

Os carrascos estão estupefatos. Nunca viram coisa igual. Esses homens não blasfemam, não xingam, não maldizem seus torturadores, apenas rezam e cantam.

Coisa estranha. No outro *bunker*, onde até há pouco ouviam-se gritos, maldizendo e blasfemando contra os algozes, agora fez-se silêncio. Também alguns daqueles infelizes estão acompanhando as orações.

Já a noite vai avançada, mas eles não sabem. Não há mais para eles nem dia nem noite. Tudo é igual naquele lugar... O cansaço de uma noite sem dormir, de um dia sob um sol escaldante vai tomando conta do grupo. Os joelhos amolecem e eles estendem-se nus no cimento frio e adormecem.

Frei Kolbe fica repassando na mente, como se fosse um filme de sua vida, os últimos acontecimentos. Os meses passados em Amtitz, em meio àquela terrível promiscuidade. Precisou ser otimista e animar seus companheiros de ordem religiosa. Falava-lhes sobre a confiança que deviam ter na Imaculada. Reviu a grande alegria deles quando, a 8 de dezembro, justamente na festa da Imaculada, foram libertados. Tinha a previsão que não sobreviveria à guerra. Devia preparar-se para a última batalha. Veio-lhe à mente o dia em que a Gestapo bateu à porta do convento. O pavor do Irmão que atendeu os policiais que o procuravam. Sabia que nunca mais voltaria para seu convento, para o meio de seus irmãos.

Embarcou mais uma vez naquele carro preto que

todos conheciam como um carro funesto. Viajou. Entrou na terrível prisão de Pawiak. Ocupou a cela 103. Começou seu apostolado entre aqueles pobres prisioneiros. Muitos deles esgotados pelas torturas. Ele os confortava. Depois aconteceu a inspeção na prisão. O quanto ele sofreu nas mãos do oficial da SS. Mas perdoou-lhe de coração. Os dias no hospital da prisão, atendido por médicos também prisioneiros. A bondade e o carinho de seus confrades, quando vinte deles foram à prisão, oferecendo-se para ficar em seu lugar. Mas a troca não foi aceita.

Em meados de maio vê seu nome, ou melhor, seu número, na lista dos prisioneiros do comboio que iria partir para Óswiecin, que os alemães chamavam de Auschwitz. Entra naquele trem que puxa muitos vagões para o transporte de gado. Sente grande comoção vendo aqueles pobres clamarem por um pedaço de pão ou um gole de água. Verdadeira tragédia presencia naquele vagão.

Sua chegada em Auschwitz quando é feita a seleção. Por desígnio que ignora é apontado com o polegar para cima. É considerado válido para o trabalho, embora doente, velho, fraco.

Assiste aos primeiros horrores desse campo da morte. Prisioneiros serem fuzilados, enforcados. Que horror! Sabe que os outros, apontados com o polegar para baixo, conforme a política nazista, devem ser exterminados.

Por oficiais montados a cavalo são tangidos como animais, debaixo de chicotadas, para a câmara de gás. Depois serem jogados nos fornos crematórios.

51

São velhos, doentes, mulheres e até crianças que não servem para o duro trabalho...

Lembra-se dos maus-tratos nos trabalhos. Krott, o esbirro que o persegue, que quase o mata de tanto bater nele. Sua internação no hospital. Coisa de arrepiar ver aqueles doentes sem remédio, morrerem de febre ou de infecção. Depois ser internado no setor dos inválidos onde recebia somente meia ração de alimento.

Como ele exercia seu ministério sacerdotal no meio daqueles pobres. Estava no bloco 14.

Vem-lhe à memória aquela noite fatídica quando na contagem faltou um prisioneiro. Tem vivo na mente o pavor que se apoderou daqueles homens... Para cada fugitivo, vinte do bloco iriam para o *bunker* da morte.

Frei Kolbe começa a pensar: como alguém pode ter a coragem de fugir sabendo que vinte de seus companheiros irão ter a morte mais horrenda? Morrer de fome e sede como esses que estão aí agora deitados. Como estaria a consciência desse homem?

Frei Kolbe reconhece que a fraqueza humana pode levar um homem a esse desatino. Porque diante dos sofrimentos de um campo de concentração nazista, o homem perde o uso da razão. Compreende não ter esse fugitivo a coragem de voltar, porque ele sabe o que o esperaria se voltasse ou fosse recapturado. Frei Kolbe reza, então, por ele e perdoa-lhe a traição.

Rememora esse dia fatídico no qual ficaram no pátio na expectativa da volta ou da captura do fugitivo. Como a desilusão foi crescendo. A tarde chegou.

Dezessete horas era o prazo final. Começava a escolha dos que iriam para o *bunker* da morte.

E aquele grito desesperado de angústia de Franceszek Gajowniczke. A força que ele pediu naquele momento à Imaculada para se oferecer para ir ao *bunker* no lugar daquele pai de família.

Em nenhum instante arrependeu-se de seu gesto. Lembrou-se: "Ninguém tem maior amor que dar a vida por seu irmão"... Como Deus e a Imaculada deram-lhe força, tranquilidade, e que foi mesmo um milagre enfrentar o comandante Fritsch, o sanguinário. Poderia ter sido morto nesse momento com um tiro na testa.

Na caminhada rumo ao *bunker* com coragem reza com fervor como talvez nunca rezara em sua vida. Rezou por seus companheiros de morte. Teve o amor de rezar também por seus algozes.

"Meu Deus! Agora começa mais uma missão em minha vida. Quero levar muitas almas, quero levar todas para os céus. Que a Imaculada me ajude!"

9. Nono círculo do inferno

O poeta entra em o nono círculo do Inferno. É o mais horroroso. Esse círculo é reservado aos traidores. Foi chamado alguém para ajudar o poeta a descer até ao fundo.

Há nesse círculo outros quatro círculos complementares em que ele está dividido. Estão no primeiro, no segundo e no terceiro círculo aqueles que traíram a confiança neles depositada.

Não há fogo, mas um frio tão forte e espantoso que gela até o hálito das pessoas. As águas daquele lago estão congeladas, e nesse gelo estão submersas as almas dos condenados.

No fundo do horroroso abismo está Lúcifer. É um gigante enorme com três rostos. Num rosto está a prepotência, noutro o ódio e no terceiro a vingança. De seus seis olhos brotam sem cessar uma torrente contínua de lágrimas e cada uma de suas três bocas despedaçam um pecador. Entre esses pecadores está Judas Iscariotes que traíra Jesus, o Cristo.

Lúcifer, que fora o anjo mais brilhante dos céus, tem agora o couro coberto de nojentos pelos. Suas asas, antes da tremenda batalha travada com São Miguel nos céus, eram brilhantes; mas agora são como grandes asas de morcego.

Em Auschwitz havia também um nono círculo. Mas nesse círculo não estavam os prisioneiros. Eles não podiam nem pensar em entrar neles. Era reservado para o comandante, para os oficiais que ali moravam, que ali planejavam como exterminar o maior número de vítimas em menos tempo todos os dias.

Nesse círculo estava Himmler, o terrível comandante dos SS. Esse carrasco, terminada a Segunda Guerra Mundial, foi preso. Tão logo preso, suicidou-se ingerindo uma cápsula de cianureto. Era tão eficiente que vinham outros funcionários para ver como estavam funcionando os fornos, que fumegavam dia e noite consumindo os cadáveres dos mortos no campo.

Vinha também o pseudocientista Joseph Mengele,

o chamado "Anjo da Morte", com suas macabras experiências. Injetava anilina azul nos olhos de crianças, para ver se transformava olhos negros ou castanhos em olhos azuis, como os da raça eleita. Seccionava também crianças vivas, para ver se poderiam viver sem algum órgão vital. Escapou da Alemanha e veio morar no Brasil, mais precisamente em São Paulo; morreu afogado em Bertioga e foi sepultado em Embú.

O carrasco Franz Stangl, eficiente comandante de Treblinka e Sobibor, era hóspede bem-vindo nesse nono círculo infernal. Esse austríaco, convertido ao nazismo, foi preso em Atibaia, estado de São Paulo, e foi extraditado para a Alemanha. Lá foi julgado e condenado à prisão perpétua. Morreu de ataque cardíaco na prisão de Düssendorf, no dia 22 de junho de 1971.

O comandante Franz Stangl matou mais de novecentos mil prisioneiros. No interrogatório, afirmou ter a consciência tranquila, porque apenas cumpria ordens de seus superiores. Era um homem de físico imponente. Aparece numa filmagem a cavalo, com um longo chicote, fustigando prisioneiros para dentro dos galpões ou das câmaras de gás. Mas vaidoso, tratava bem alguns prisioneiros que lhe prestavam algum serviço, como os ourives que lhe faziam broches, alfinetes etc. com o ouro tirado dos mortos.

Outro nazista que frequentava esse nono círculo chamava-se Rudolf Hosz. Ele assim depôs no processo de Nuremberg: "Eu, Rudolf Hosz, declaro o seguinte: tenho 46 anos e sou membro do Partido

Nazista alemão, desde 1922 (...). Desde 1934, trabalhei continuamente nos campos de concentração (...). A solução definitiva do problema judeu significava o extermínio de todos os judeus da Europa (...). Em junho de 1941, recebi ordem de organizar o extermínio em Auschwitz (autos do processo de Nuremberg, volume XXXIII).

Outro chefe nazista envolvido com o extermínio em Auschwitz foi Rudolf Hess, que deu o seguinte depoimento sobre sua participação no extermínio dos judeus durante a Segunda Guerra Mundial: "Ordenaram-me, em junho de 1940, que criasse em Auschwitz facilidade para o extermínio. Já havia no governo da Polônia, nesse tempo, três outros campos de extermínio: Belzec, Treblinka e Wolzek (...).

Visitei Treblinka, em junho de 1941, para ver como executavam o extermínio. O comandante do campo contou-me que havia liquidado 80.000 pessoas no decurso de meio ano. Estava muito interessado em liquidar todos os judeus do Gueto de Varsóvia.

Usava gás de monóxido. Eu não achava que seu método fosse muito eficiente. Assim, quando instalei o edifício destinado ao extermínio em Auschwitz, empreguei o gás Ziklon B, um tipo de ácido que lançávamos na câmara de morte por uma pequena abertura. Esse gás matava as pessoas, na câmara de gás, num prazo entre 3 a 15 minutos, dependendo das condições climáticas.

Sabíamos que as pessoas estavam mortas quando

seus gritos cessavam. Esperávamos geralmente cerca de meia hora para abrir a porta e remover os corpos. Removidos esses, nossos comandantes especiais tiravam-lhes os anéis e extraiam-lhes o ouro dos dentes...

Outra vantagem que tivemos sobre Treblinka foi construirmos nossas câmaras de gás para acomodar duas mil pessoas de uma só vez, ao passo que lá as dez câmaras só acomodavam duzentas pessoas cada uma (...).

Tínhamos dois médicos em função em Auschwitz, para examinar os prisioneiros que para aí eram transportados. Os prisioneiros desfilavam diante de um dos médicos que, ali mesmo, dava sua decisão. Os capacitados para o trabalho eram enviados para o acampamento, os demais seguiam imediatamente para o local de extermínio. As crianças eram invariavelmente exterminadas, por não poderem trabalhar devido à pouca idade (...).

Outro ponto em que levávamos vantagem sobre Treblinka é que lá as vítimas sabiam que iam ser exterminadas, ao passo que em Auschwitz nos esforçávamos por ludibriá-las, fazendo-as pensar que iam passar por um processo de limpeza. É claro que frequentemente percebiam nossas verdadeiras intenções, e muitas vezes ocorriam desordens e dificuldades. Quase sempre as mulheres ocultavam os filhos sob as vestes. Quando descobríamos isso, mandávamos naturalmente exterminá-los".

Rudolf Hess foi preso na Inglaterra, para onde fugiu, e condenado em Nuremberg à prisão perpétua; faleceu em Spandau.

Muitos desses chefes foram presos e executados na Europa mesmo. Outros conseguiram fugir e refugiaram-se na América do Sul, principalmente no Paraguai, Argentina e Brasil. Na Argentina, o Mossad, polícia secreta de Israel, localizou e conseguiu prender, por meio do serviço de Simon Wiesenthal, o caçador de nazistas, um dos maiores criminosos nazistas, Adolfo Eichmann. Preso, foi anestesiado, colocado numa urna funerária e, assim disfarçado, levado para Israel. Isso sem que as autoridades argentinas percebessem. Houve protestos que de nada adiantaram. Em Israel, Adolfo Eichmann foi julgado e condenado à morte na forca. Seu corpo foi cremado e suas cinzas esparramadas.

Nesse nono círculo não se viviam os horrores dos outros oito círculos de um verdadeiro inferno. Era um alojamento de luxo até, com comida de primeira e também com grandes orgias. Era um compartimento secreto e para poucos. Mas onde, a exemplo do nono círculo do Inferno da Divina Comédia, viviam verdadeiros satanases. Muitos homens que traíram sua fé, adotando a ideologia nazista, e massacraram muitos milhões de seres humanos, sempre com a desculpa de que estavam cumprindo ordens de seus superiores. Os maus-tratos, as violências contra os prisioneiros também seriam ordens dos superiores, ou instintos de animais pervertidos?

Vamos sair desse nono círculo e voltar para o oitavo círculo onde Frei Maximiliano Kolbe e seus nove companheiros vão definhando dia a dia.

IV

DE NOVO NO
OITAVO CÍRCULO

1. Segundo dia no *"bunker* da morte"

É madrugada ainda e é o segundo dia dos dez prisioneiros no *bunker*. Algumas coronhadas de fuzis na porta acordam os pobres condenados. Um guarda abre a porta para retirar a lata que serve de vaso sanitário. Ele é protegido por soldados que, de armas em punho, controlam a situação.

Frei Kolbe já estava em pé. Durante a noite ele estava ou de joelhos ou em pé. Com sorriso nos lábios encara os carrascos. Estes não suportam aquele olhar e gritam: "Não nos olhe assim!" Depois acrescentavam entre eles: "Nunca vimos homem como esse!"

Frei Maximiliano Kolbe sabe que agora começa mais um dia para sua missão. Assim que a porta é fechada, entoa um cântico. É acompanhado por alguns. Depois começa a rezar com eles. No *bunker* vizinho também havia murmúrios de oração e não mais gritos e urros, imprecações e maldições contra os algozes.

As horas nesse inferno escoam lentamente. Parecem eternidade. Frei Kolbe encoraja seus companheiros. Faz-lhes comoventes palestras. Quando encontra algum desesperado, infunde-lhe coragem. Vai de um para outro. Abraça-os como uma mãe abraçaria seu filhinho. É um conforto para aqueles desgraçados.

Nesse segundo dia a fome e a sede ainda não se faziam sentir com todos os seus horrores. O que mais os martirizava era a certeza dos atrozes sofrimentos que deveriam vir. Era a certeza da morte próxima. E levantar o ânimo desses infelizes não era tarefa fácil. Somente o carisma de Frei Kolbe os ajudava nessas horas.

E tudo quanto estava em seu poder, ele o fazia por seus companheiros de infortúnio. A morte por fome e sede sempre foi, em todos os tempos, o suplício mais horrível infligido aos condenados.

O suplício da cruz era terrível. Dizem que foi inventado pelos persas e adotado pelos romanos contra os condenados de povos subjugados. Os romanos condenados à morte tinham diferente execução. Eram decapitados. Um golpe certeiro desferido no pescoço e a vida terminava.

Na cruz, o condenado agonizava até por dias. Esse suplício era bem conhecido, e talvez, por isso mesmo, os Evangelistas descrevam tão pouco o suplício de Jesus condenado a morrer crucificado.

Nem pintores nem escultores conseguiram transmitir para nós o estado de Jesus e sua morte de cruz. Nem é necessário ter uma imaginação muito fértil para apresentar a nossos olhos o que foi a morte de

Cristo. Os Evangelhos dão-nos alguns detalhes que nos fazem imaginar esse sofrimento. Jesus está no pomar das oliveiras. É tal sua angústia, na previsão de seus sofrimentos, que chega a suar sangue. Falam de sua prisão por mãos daqueles esbirros que saciam nele todo o seu instinto selvagem. Nada de delicadeza. Nada de respeito por um prisioneiro. Duras cordas amarram seus pulsos. Bastonadas, empurrões, quedas acompanham-no até ao palácio do sumo sacerdote.

Perante Anás e Caifás sofre as mais cruéis humilhações. Mas Jesus não é julgado por seus inimigos. É ele quem os julga. Por isso é achado digno de morte.

Nas torturas os réus chegam a confessar crimes que não cometeram e a admitir o que os torturadores querem que confessem. Jesus diante de seus juízes está soberano. Confessa sem temor sua dignidade de Filho de Deus.

Tem diante do covarde Pilatos a mesma atitude. E Pilatos vinga-se mandando flagelar Jesus. Era um costume bárbaro. A vítima presa a uma coluna, despida, recebia os golpes dos azorragues, feitos de tiras de couro com esferas de ferro ou ganchinhos nas pontas. Os algozes não escolhiam regiões do corpo para bater. O sangue escorria. Pedaços de carne voavam pelos ares. Pedaços de carne que se desprendiam dos ossos, e ficavam dependurados. Ossos ficavam à vista. Carne arrancada das costas, dos braços, do peito, das pernas e até das faces. A vítima ficava desfigurada a ponto de perder a aparência humana. O profeta Isaías já o profetizara quando proclamou: "Olhai meu servo... Assim como, ao vê-lo, muitos ficaram pasmados — tão desfigurado estava seu rosto que não parecia de homem —, assim o admirarão muitos povos" (Is 52,13) "... o Senhor carregou sobre ele a iniquidade de todos nós. Foi maltratado e resignou-se, não abriu a boca..." (Is 53,6-7).

Depois vem a crucifixão. Grossos pregos atravessam os pulsos, cortando os nervos e músculos, e moendo os ossos. O sangue jorra. Todo o corpo estremece. O madeiro horizontal é levantado e fixado num poste. Depois pregam os dois pés nesse poste. E Jesus não reclama. Suporta essas atrozes dores calado. Por fim ele lamenta: "Tenho sede!" Jesus sofre o martírio da sede. É seu grito de angústia. É seu lamento que comove até o bárbaro soldado que o crucificara. Esse ensopa uma esponja em vinagre. Coloca na ponta de uma vara e achega a esponja até os lábios de Jesus. Ele engole aquele vinagre e mitiga um pouco sua sede. Agora então exclama: "Tudo está consumado!"... Inclina a cabeça e morre.

A sede! A sede é o pior tormento dos condenados. Aqueles pobres homens, quando a porta do *bunker* era aberta, suplicavam: "Por amor de Deus, um pouco d'água!" Mas os algozes não tinham o amor de Deus em seus corações. Mesmo que tivessem um pingo de amor de Deus, não podiam dar uma gota de água para os coitados. E quanto mais se queixavam de seus sofrimentos mais alegria sentiam os carrascos.

Jesus de nada se queixou em sua horrível paixão. Somente a sede o fez suplicar misericórdia de seus crucificadores. Frei Maximiliano Kolbe nunca pediu nada para si, nem mesmo uma gota de água em sua cruel paixão.

Entre cânticos, orações e exortações, mais um dia se passou naquele cubículo da morte. E quando o silêncio envolveu a terra, frei Kolbe começou a repassar sua vida...

Os bombardeios sobre Varsóvia foram uma coisa pavorosa Sucediam-se com breves intervalos. Os frades abrigavam-se como podiam. Ele raramente o fazia. Não tinha medo.

Niepokalanóv também foi bombardeada. Veio a ordem das autoridades polonesas para deixarem o prédio. Aconselhou seus frades que voltassem para o seio de suas famílias, porque lá certamente estariam mais seguros. Somente uns poucos puderam ficar. Mais ou menos uns quarenta.

Frei Kolbe relembra como sua Polônia foi atrozmente humilhada. Via ainda, em espírito, as cidades arderem como tochas vivas sob o efeito mortífero de toneladas e mais toneladas de bombas. Via campos e ruas juncados de cadáveres insepultos.

Sentiu o ódio de seus compatriotas pelos invasores. A guerra estava perdida, mas não acabada. Viu surgirem novos centros de resistência. Homens combatiam. Mulheres e até crianças combatiam. O ardor patriótico inflamava os corações dessa raça brava. O herói João Sobieski renascia em cada polonês.

Frei Kolbe conseguiu não odiar. Somente um santo pode ter tal atitude. Via seu povo gemer sob as botas do vencedor. Frei Kolbe não conheceu o ódio. Mas como o mês de setembro de 1939 foi um mês amaríssimo para ele. Parecia o fim do mundo. Os cataclismos apocalípticos pareciam ter caído sobre sua querida Polônia. Diante do poderio alemão, o que poderia fazer sua pobre pátria praticamente desarmada? ... *Ó mia patria sì bella e perduta, ó membranza sì cara e fatal!* (Ó minha pátria, tão bela e perdida. Ó lembrança tão cara e fatal!).

2. Terceiro dia

Amanhece um novo dia para os condenados. Alguns já começam a sentir os efeitos do jejum forçado e da falta de um pouco de água. O estômago sofre convulsões e cãibras. Pouca saliva umedece a boca, e eles procuram com a língua esparramar aquela pouca saliva pela boca.

Frei Kolbe acode como pode seus companheiros. Para aqueles, que se lamentam mais, faz massagem sobre o ventre dolorido. Consola-os e começa a rezar com eles. É a força das preces que faz com que não se revoltem, não criem ódio em seus corações e até rezem por seus carrascos.

Quando pedem a seus algozes um pouco de água, frei Kolbe lhes diz que eles não podem dar uma gota sequer. Seriam seriamente punidos se desobedecessem. É a lei feita por aqueles comandantes.

No *bunker* vizinho, as vozes vão ficando cada

vez mais fracas. Alguns corpos já foram retirados e levados aos fornos crematórios. Outros não têm mais forças nem para pronunciar as palavras. Mas rezam com os desafortunados vizinhos do *bunker* de frei Kolbe.

Materialmente o "Bom Pastor" não pode fazer nada por seu pequeno rebanho. Pode rezar com eles. Pode consolá-los. Pede-lhes que se entreguem à Imaculada Mãe de Jesus, e que ela lhes dê forças e coragem na tremenda luta. Ele mesmo ora está de pé, ora de joelhos, com o corpo apoiado nos calcanhares. Agora consola um, depois outro, depois outro ainda...

Durante o tempo em que estava na prisão, no campo de concentração, no hospital ou na sessão dos inválidos, quantas vezes repartiu com os outros sua minguada porção de alimento, até mesmo privando-se totalmente de sua ração, dando-a aos mais fracos, alegando não ter fome, não precisar dela. Mas nesses tremendos dias não tem nada para repartir. Se fosse possível daria seu sangue, sua carne. Se pudesse...

Há uma passagem, na *Divina Comédia*, que é comovente e trágica. Não se sabe bem se esse fato é histórico, mas Dante o relata: "Ugolino, conde de Gherardesca entrou em guerra contra um seu inimigo. Foi derrotado e preso. Conforme os costumes daqueles tempos bárbaros, foi condenado e lançado numa masmorra com seus três filhinhos, condenados a morrer de fome. Durante três dias, o conde Ugolino, sentado num canto da prisão, tinha o rosto entre as mãos, sem coragem de olhar para as crianças agonizantes, pedindo um pedacinho de pão. No quarto dia, o jejum e a dor fizeram aparecer as primeiras convulsões da morte. Ouvem-se gritos de desespero. Ugolino solta urros por causa das dores atrozes.

Acontece nesse trágico momento algo de sobre-humano, algo até de divino. Dois de seus filhinhos arrastam-se extenuados até onde se encontra o pai. Chegam aos pés do conde, que não tem coragem de olhar para eles. É nesse momento que o menorzinho deles, levantando seu bracinho descarnado e chegando-o perto da boca do pai, lhe diz: "Papai, come papai. Come minha carne... essa carne! E assim o senhor viverá, o senhor não irá morrer!"

Esse mesmo gesto frei Kolbe certamente faria, se pudesse libertá-los. Mas desse *bunker* somente sairão mortos, para serem atirados nos fornos crematórios, e se tornarem um punhado de cinza.

E assim mais um dia se passa nesse inferno que se chama Auschwitz.

Quando surge uma pausa, nosso frei Kolbe recomeça a rever sua vida.

Frei Maximiliano Kolbe revê o mês de junho de 1936. Era a data de sua volta do Japão. Como pressentia as desgraças iminentes, e também que seu fim não estava muito distante. Por isso mesmo tinha pressa. Cada minuto tinha de ser aproveitado. Foram então espantosos seus empreendimentos. Mas queria sobretudo o primado da espiritualidade de seus filhos.

E por isso predominava em Niepokalanów um clima de oração. Como era belo e bom ver e ouvir aqueles homens rezando e cantando.

Não era a quantidade que lhe interessava, mas a qualidade. Quando perguntado em que consistia o verdadeiro progresso de Niepokalanów, respondia: a verdadeira Niepokalanów são nossas almas. O progresso ou é espiritual ou não é progresso.

Nessa noite teve uma visão horrível. Viu em espírito como sua Niepokalanów seria nacionalizada depois da guerra. As máquinas seriam confiscadas.

Recordou-se da insistência para que seus filhos fossem santos. Muito santos. Como com bastante antecedência, após sua volta do Japão, previu as violentas perseguições.

Sentiu que seu fim estava próximo. Depois das festas de Natal, convidou seus rapazes a ficar com eles naquela noite, se quisessem. Anunciou-lhes que seu fim estava próximo. Sentado, rodeado por eles, afiançou seu amor por todos. E somente lhes pedia uma coisa, que ficassem com ele aqueles que quisessem, a fim de que a Imaculada os escolhesse.

Frei Kolbe lembra-se de como estava feliz naquele dia. A seu redor sentavam-se seus filhos. Cheio de comoção, perguntou-lhes se poderia confiar-lhes um segredo, seu segredo. Como todos lhe pediram que lhes contasse, muito emocionado, disse: "Como eu me sinto feliz! Meu coração está cheio de alegria e de paz". Não era capaz de traduzir em palavras o que sentia naquele momento.

Lembra-se daquela exortação: "Amem a Imaculada! Amem muito a Imaculada! Ela fará vocês felizes". Como ele ficou, parece, até que com medo de alguma coisa. Como seus confrades pedissem que lhes dissesse tudo e não lhes escondesse nada, revelou-lhes o grande segredo: "Meus filhos, meu coração está cheio de alegria e eu me sinto muito, muito mesmo feliz! Vocês querem saber por quê? Porque o céu me foi prometido com toda a certeza. Amem a Imaculada! Amém a Imaculada! Foi Ela que me revelou..."

Frei Kolbe estava muito emocionado. As lágrimas corriam-lhe dos olhos. "Já que vocês me pedem com tanta instância, direi ainda uma coisa e nada mais. No Japão, a Imaculada apareceu-me e me garantiu o céu... Não me perguntem mais nada. Estou muito feliz. Não contem a ninguém esse segredo." E o outro segredo que não quis revelar, qual seria? Certamente era o de seu martírio que se aproximava.

Como seu coração se confrangia de dor pressentido o conflito que se avizinhava com todos os seus horrores.

Era preciso dobrar a produção, mas crescer particularmente no interior das almas. O verdadeiro progresso de Niepokalanów eram suas almas.

Quantas recordações daqueles dias. Quanta doçura a Imaculada lhe proporcionou. Mas agora sua alma sofre a noite do espírito, prevendo os horrores que a guerra traria. Não seria apenas uma provação, mas também um castigo pelos muitos pecados.

Como aquela exortação calou profundamente na alma

de seus frades. "Exijo que vocês sejam santos. Santidade não é um luxo. É uma exigência da vida cristã."

Frei Kolbe terminou nessa noite suas recordações, e ele teve umas horas de repouso depois das duras lutas daquele dia. Sua última prece da noite deve ter sido de filial confiança na Imaculada: "Maria, ajuda-me!"

3. Quarto dia

Há movimentação no *bunker*. Frei Kolbe sabe que será mais um dia de lutas. A fome e a sede já fazem sentir seus efeitos. Falta saliva na boca dos condenados. As convulsões e cãibras do estômago são mais frequentes. Parece que há fogo nas vísceras. Aquelas pobres vítimas soltam mais gemidos.

"Vamos rezar, irmãos. Precisamos pedir a Deus que nos dê forças em nossos sofrimentos. Vamos oferecê-los à Imaculada." E apesar de todas as dores, aqueles homens rezam com fervor. Arrancam das profundezas de seu ser energias para cantar louvores a Deus. Frei Kolbe anima-os com a esperança da vida eterna.

No *bunker* vizinho, as vozes vão diminuindo cada vez mais. Estão muito enfraquecidos, tão secos, muitos agonizando nos últimos estertores da morte. Alguns já deixaram esta vida e foram atirados nos fornos crematórios.

Agora um prisioneiro, chamado Borgowiec, relata um fato impressionante. Ele exercia o ofício de coveiro, ou melhor, levava ao forno crematório os corpos dos mortos, porque os soldados alemães da SS. não se aventuravam a entrar naqueles antros pestilenciais, onde até o ar contaminava. Borgowiec sobreviveu e dá muitos detalhes sobre o que se passava naquele inferno.

Agora o que aqui segue, se você leitor tem o estômago fraco, cuidado, não leia o que Borgowiec conta: "No *bunker* não havia vaso sanitário, nem esgoto para os condenados. Uma lata servia de vaso sanitário, onde eles podiam fazer suas necessidades. Borgowiec era o encarregado de, todas as manhãs, pegar aquela lata e despejar os dejetos humanos.

Mas do quarto dia em diante foi dispensado desse trabalho, pois quando foi pegar a lata ela já estava vazia... Todos os dias ela estava vazia. Pense até onde pode chegar a desgraça humana! O que fazem a fome e a sede torturantes! A que ponto chega o homem despojado de sua dignidade: Ter como alimento e como bebida o excremento humano!"

Foi avisado de que não lesse esse parágrafo. Se o leitor ou leitora quis lê-lo, paciência. Mas isso foi uma dura realidade. Aconteceram coisas ainda piores. Cada dia surge um novo tormento.

Nos blocos era assunto obrigatório a cena daquele homenzinho fraco, magro, enfrentando o temível comandante Fritsch, e oferecendo-se para ir morrer no lugar daquele pai de família. E os prisioneiros de Auschwitz rezavam pelos agonizantes do *bunker* de Frei Maximiliano Kolbe. Único que podia dar notícias, e poucas, era Borgowiec.

Tenho sede! Estou com sede. Estou morrendo de sede! Era o lamento daqueles pobres infelizes.

Agora mais uma noite naquele antro de horror. Como o dia foi pesado! Quanto esforço para ajudar aqueles míseros condenados. Agora aqueles que ainda podiam, fizeram com o padre sua oração da noite.

Como o tempo de sua vida passou depressa. Ele que sonhava salvar almas, muitas almas. Relembra seus trabalhos. Quanto trabalho!

Era preciso aproveitar todo o progresso da humanidade para o Reino de Deus. Sabia que a guerra se aproximava. Mas não queria perder tempo. Estava preparando um aeroporto no terreno de Niepokalanów. Em 1938 tinha instalado uma estação de rádio. Queria produzir filmes. Queria...

Frei Kolbe relembra com saudades um fato que marcou profundamente a trajetória de sua vida. Fazia três anos que fundara Niepokalanów. Estava viajando de trem. No mesmo vagão estavam vários estudantes japoneses. Começou a conversar com eles. Tirou do bolso medalhas da Imaculada e distribuiu-as entre eles. E como eles foram gentis com ele, retribuindo com pequenos elefantes talhados em madeira, amuletos para dar sorte. Foi o começo de um novo ideal. Pensava continuamente na tristeza de uma alma sem Deus.

Apresentou-se então ao Padre Provincial pedindo para ir ao Japão e fundar lá uma nova Niepokalanów. O Padre Provincial é prudente. Olha para esse frei sonhador e lhe pergunta: "Você tem o dinheiro?"

"Não", ele responde.

"Sabe falar japonês?"

"Não."

"Tem lá por acaso algum amigo ou qualquer tipo de apoio?"

"Ainda não tenho, mas irei encontrar, com a graça de Deus. Padre Provincial, eu quero obedecer. Não se faça minha vontade mas a de Deus e da Imaculada."

O Padre Provincial mediu todas as consequências. A prudência humana aconselhava dissuadi-lo da empresa. Mas, pensando bem, Niepokalanów é a maior prova que esse homem tem razão... Vamos experimentar. Obteve a autorização, inclusive do Padre Geral em Roma.

Antes de partir para o longínquo Japão, fez uma peregrinação a Lourdes e Lisieux. Quanta alegria sentiu em Lourdes. Lembra-se de ter escrito: "A Imaculada está aqui. Parece até que a gente pode tocá-la com as mãos".

Sobre Lisieux, ele se lembra de uma brincadeira escrita numa outra carta. "Em Liseux somente vi as peças do jogo de xadrez de Santa Teresinha. Isso serve para consolar nossos jogadores impenitentes..."

Quanta alegria sentiu quando, com a bênção dos superiores, inclusive do Padre Geral, partiu para o Japão com quatro companheiros.

O dia 7 de março gravou-se em sua memória. Foi nesse dia que, em Marselha, embarcou rumo a nova conquista. Frei Kolbe, como bom franciscano, viajou entre os pobres. Fazia entre os passageiros seu apostolado. Nas horas vagas estudava a língua japonesa.

Que doce recordação quando, em Saigon, entrou em contato com o clero anamita, que prometeu ajudá-lo na publicação de sua revista em chinês. Em Xangai, o milionário católico Lo Pa Hong colocou-se a sua disposição, e ofereceu-lhe ajuda para que pudesse publicar uma revista em chinês. É com tristeza que, nessa noite, se lembra também da oposição de outros missionários, que fizeram abortar seu projeto. Os pagãos eram mais generosos que os missionários europeus, muito invejosos.

Volta-lhe a alegria quando se recorda de sua chegada em Nagasaki, no dia 24 de abril de 1930. As numerosas ilhas que ainda conservavam algum vestígio de cristianismo. Encontrou imagens da Santíssima Virgem (Seibo), que tinham bastante semelhança com a deusa Kwanom. Lembrou-se do santo missionário polonês, o jesuíta Adalberto Mecinski, de São Paulo Miki e de seus vinte e cinco companheiros, e de todos os mártires que banharam com seu sangue aquelas terras. Lá estava a "Colina dos Mártires", onde tantos cristãos foram martirizados, pregados nas cruzes...

Como são gratas essas recordações para Frei Kolbe. Diante da paisagem deslumbrante das cerejeiras em flor, ele se teria perguntado: "Será aqui, minha Mãe Imaculada, que tu me preparaste a coroa vermelha?"

Ainda não. Mais um tempo ainda para tecê-la.

Mas agora já começa o quinto dia do martírio, em que receberá essa coroa. Vamos rezar, filhos.

4. Quinto dia

Os sofrimentos dos condenados no *bunker* agravam-se cada vez mais. Sentem os efeitos da desnutrição, principalmente da falta de água. Desnutridos e desidratados têm dificuldades de se mover.

Comendo e bebendo dejetos humanos, estão quase todos com os intestinos infeccionados. A disenteria ajuda a debilitar aqueles corpos. Alguns já não conseguem ir até a lata que serve de vaso sanitário. E por isso mesmo o *bunker* torna-se mais e mais malcheiroso, fétido. O ar é quase irrespirável. Aqueles corpos estão em contato direto com as fezes.

É claro que não há água para lavar as mãos e muito menos para lavar os corpos nus. E assim os sofrimentos dia a dia vão aumentando.

Esses homens que já suportaram tantos tormentos, gemem agora baixinho. Doem os corpos, doem os rins, queimam as vísceras. Há dificuldade de mandar para os pulmões o ar suficiente. A respiração torna-se difícil. Em alguns há um ronco surdo que sai das profundezas de seu interior.

Frei Kolbe desdobra-se em atenção a esses miseráveis. Parece até que ele não sofre nada. Em pé ou de joelhos vai de um a um exortando-os a sofrer heroicamente por Cristo seu martírio. E reza, reza e incita aqueles que ainda podem rezar em voz alta. Outros acompanhavam mentalmente as orações.

O *bunker* vizinho agora está vazio, à espera de nova leva de condenados. Não há preocupação em limpá-lo ou desinfetá-lo. Também para quê? Quanto maior o sofrimento causado aos infelizes, maior satisfação para os algozes. Mas coisa admirável. Apesar da crueldade desses carrascos, dia a dia parece que se tornavam menos cruéis. Já não batiam tanto nos prisioneiros. Certamente em seu *bunker da fome* Frei Kolbe rezou por seus algozes. Deus ouviu provavelmente suas orações e abrandou os corações desses homens depravados.

No bloco 14 frei Kolbe infundia esperança e ânimo nos corações daqueles prisioneiros. E agora? Nenhuma esperança mais restava de libertação. Somente podia acenar-lhes com a esperança da vida eterna. Alimentar essa esperança com orações e exortações. E não era fácil. E para ele mesmo, além dessa esperança que lhe era uma certeza, restava consolar-se recordando sua vida.

Frei Maximiliano Kolbe relembra seu encontro com o bispo de Nagasaki. O sorriso meio malicioso do bispo quando ele lhe expunha seus planos. Quando lhe pediu licença para fundar uma revista, provavelmente o terá julgado um visionário, um desses aventureiros que se revestem de missionários, com planos de megalomania.

Mas o senhor bispo teve uma surpresa, e que surpresa!, quando ficou sabendo que esse padrezinho, tão simples e humilde, tem cursos superiores de filosofia e teologia. Mudou então de atitude e exigiu que o franciscano imediatamente desse aulas no seminário.

Frei Kolbe é bom negociador. Lembra-se, então, como propôs aceitar dar as aulas contanto que o bispo lhe permitisse publicar sua revista.

Dom Hayasak olhou para ele até assustado. Mas vendo aquela sua firme decisão, não teve remédio senão aceitar o desafio.

Frei Kolbe tinha chegado em Nagasaki no dia 24 de abril. Já no dia 24 de maio, portanto um mês depois, mandava para Niepokalanów a seguinte notícia: "Hoje foi publicado o primeiro número da revista. Possuímos uma tipografia. Viva a Imaculada!" Estava assinada: Maximiliano.

Como isso causou até um espanto entre seus confrades da Polônia. Qual o segredo? Em primeiro lugar muita oração. Em segundo lugar mais orações e finalmente muita penitência num clima de pobreza franciscana.

Recorda como começaram a aparecer colaboradores. Até mesmo protestantes e de outras religiões. Comprou uma impressora. Como era difícil compor os artigos em japonês por causa de seus dois mil caracteres do alfabeto. Na língua japonesa não havia palavra similar para "Imaculada". Por isso "Imaculada" foi modificada para "sem pecado". A revista tinha o título de *"Mugenzai No Seibo"*.

Quanto sacrifício! Moravam e trabalhavam num barracão em ruínas. Cozinhavam ao ar livre, e a chuva caía nas panelas... O cardápio japonês era horrível para um paladar europeu. Frei Kolbe mal se sustinha em pé de fraqueza. Precisava ser amparado por dois frades na celebração da missa. Chegou a desmaiar na rua, e lá ficou caído até que um seu confrade o encontrou.

Alimentava projetos fantásticos. Passaria à Índia. Depois ao Líbano. Depois pelos países árabes...

Naqueles dias a tiragem da revista era de 10.000 exemplares. Era uma coisa quase impossível num país onde a maioria professava a religião budista. A empresa ia de vento em popa. Mas...

Poucos meses após sua chegada ao Japão, frei Kolbe foi convocado para o Capítulo provincial a ser realizado em Lvov, na Polônia. Acostumado a obedecer, partiu imediatamente. Sabia que era difícil manter essa obra. Ninguém poderia substituí-lo com eficácia nessa empresa. No Capítulo começou a discussão sobre o futuro, sobre a conveniência da obra de uma Niepokalanów japonesa. Surgiram calorosos debates. Valeria a pena tal aventura no Japão?

Recorda-se da defesa apaixonada que ele fez dessa fundação. Seu coração falou até mais do que sua inteligência. Enquanto os confrades discutiam o assunto, frei Kolbe secretamente ia desfilando seu rosário em inúmeras Ave-Marias. "Minha Mãe, fiz o possível e o impossível. O caso agora está em tuas mãos...!"

Sua causa triunfou e ele pôde voltar ao Japão. Grata recordação de sua volta através da Sibéria, a vastidão coberta de neve. Parou muito tempo em Moscou. Fazia tempo que ele tinha vontade de fazer nesse país seu apostolado. Chegou a estudar a língua russa. O grande sonho de sua vida era publicar uma revista nessa língua.

Lembra-se da amargura no dia de sua chegada ao Japão. Viu as ruínas amontoadas em sua ausência. Quase uma falência total. Fazia um mês que a revista não saía mais. Parecia até que não sairia mais. Mas sua presença salvou tudo. Houve um renascimento.

Trouxera do Capítulo a autorização para fundar uma sucursal japonesa de Niepokalanów e de abrir um noviciado para os jovens japoneses. Para isso era preciso construir uma casa e o mais rapidamente possível.

Frei Kolbe até sorri levemente quando se recorda do terreno que comprou para tal construção. Era numa ladeira na encosta de uma montanha, que ficava no lado oposto da cidade. Todos achavam isso um absurdo. Mas ele sorria, não respondendo nada.

Deram-lhe razão mais tarde quando os americanos lançaram a bomba atômica sobre Nagasaki e *Mugenzai no Sono* (o Jardim da Imaculada) pouco sofreu, protegido pela montanha.

Foi difícil essa construção. Faltavam colaboradores à altura dele. Era preciso crer contra toda esperança. Houve traições, defecções e até desonestidade de frades infiéis.

Apesar de tudo, a casa foi construída. A tiragem da revista aumentou. Os pagãos estavam sendo evangelizados. Cartas consoladoras que lhe chegavam agradecendo por poder contar com tal revista: a *Mugenzai no Seibo no Kish*. O *Seibo no Kish* funcionava como um curso de doutrina cristã.

Dois anos depois da fundação no Japão, realizada em 1930, frei Kolbe foi tentar a fundação na Índia. Queria uma nova Niepokalanów. Lembra-se de como estava fraco, consumido pelas febres. Mas sabia que é entre sofrimentos que florescem as coisas de Deus.

Na Índia foi recebido friamente pelo arcebispo católico, que desconfiado se perguntava o que quereria aquele estrangeiro?

Frei Kolbe começa a rezar com mais intensidade. Invocou Santa Teresinha de Lisieux, pois em Roma fizera com ela um contrato: ele rezaria todos os dias pela sua canonização, mas ela deveria ser a fiadora de suas iniciativas diante de Deus.

Lembra-se daquele dia, quando estava de pé diante de uma sua imagem no corredor do arcebispado, e em sua oração cobrou dela: "Como é, não te lembras mais de nosso contrato?"

E naquele momento uma flor caiu-lhe aos pés. Era uma rosa. Era um sinal, Ficou impressionado aguardando o que isso significaria.

Infelizmente apesar de todos os esforços, não foi possível fincar pé na Índia, tantas eram as dificuldades levantadas pelas autoridades religiosas daquele país.

Voltou à *Mugenzai no Seibo*. Edificou uma capela. Selecionou melhor seus futuros confrades. As vocações começaram a aparecer. Esses frades japoneses eram "loucamente apaixonados" por Nossa Senhora.

Mas o trabalho exaustivo minou sua já frágil saúde. Em 1936 partiu para a Polônia e foi eleito, no Capítulo Provincial, guardião de Niepokalanów. Como o golpe lhe foi duro. Seu coração tinha ficado com seus "caros pagãos japoneses". Lá ficava a "Colina dos Mártires", onde esperava um dia sofrer seu prometido martírio. Frei Kolbe não discutiu sua nomeação. Pela boca de seus superiores viu a vontade da Imaculada.

5. Sexto dia

Quantos sofrimentos nesses dias! É o inferno inventado e criado pelos homens que se tornaram agentes dos demônios.

Frei Kolbe interrompe suas recordações para acudir um companheiro que agoniza. O pobre homem solta golfadas de sangue pela boca e pelas narinas.

Os companheiros mudos contemplam a cena, talvez até invejando aquela vida que se esvai. Tão acostumados estão a ver cenas as mais trágicas de colegas morrendo, nas mais dolorosas circunstâncias. E por isso até parecem ter os corações embrutecidos. Nada disso! É que a morte para eles é a grande libertação. Terminam os sofrimentos e a alma voa até Deus.

Frei Kolbe está ao lado do agonizante. Sustém sua cabeça. Dá-lhe a absolvição geral e encomenda sua alma a Deus.

Uma grande poça de sangue perto de seu corpo. O homem estremece numa agitação total do corpo. Um fundo arfar, com uma última golfada de sangue, e seu corpo amolece. Está morto. Ele morreu no sexto dia no "bunker da fome".

Borgoviec vem com um companheiro para retirar o cadáver. Esse corpo está todo enlameado pelas fezes dos prisioneiros. Os dois homens que fazem o serviço de coveiros, e fazem as remoções dos cadáveres, não põem as mãos naquele corpo. Cada um com um grande gancho preso num pau arrastam o cadáver para fora do *bunker*. Os soldados observam aquilo com uma frieza de espantar. Depois, com pás, colocam o corpo no carrinho, e encaminham-se para o forno onde jogam aquele corpo que em breve não é mais que um punhado de cinzas. Frei Kolbe fica repetindo com os oitos restantes companheiros: "Dai-lhe, Senhor, o descanso eterno e brilhe para ele vossa luz. Descanse em paz, amigo!"

E será mais um dia entre os sofrimentos desses pobres prisioneiros.

Nessa noite o espírito de frei Kolbe voa até Niepokalanów. Quantas saudades daquele dia, no qual se estabeleceram numa casa própria em Niepokalanów, que significa a "Cidade da Imaculada".

Como houve um surto de progresso, chegando a tiragem da revista, em 1938, a um milhão de exemplares. A tiragem foi aumentando ano a ano.

Ele pensou nos jovens. O que dar para eles? Fora de seu país ninguém lê polonês. Lançou então uma revista em latim, com o título *Miles Immaculatae* (O soldado da Imaculada). Ela devia atingir o clero de todas as nações e de todas as raças. Mas ainda não era tudo.

Os bispos queriam um diário de orientação católica, adaptado às circunstâncias da época. Diversas tentativas fracassaram. O exército da Imaculada lançou-se à tarefa. Em maio de 1935 apareceu o *Maly Dziennik* (O pequeno Jornal). Bem redigido e barato. Foi um sucesso.

Niepokalanów foi um ninho de vocações. Cada ano centenas de candidatos se apresentavam. Mais ou menos cento e cinqüenta eram selecionados. Pelo menos a metade chegava a professar os votos religiosos. Entre os postulantes há operários especializados, bem remunerados em suas profissões.

Frei Kolbe quer igualar-se a seus confrades. Nada de exceção para ele. E mesmo na vida religiosa não queria que houvesse exceção. Somente admitia exceção para os doentes. Havia mesmo uma cozinha especial para eles. A farmácia conventual era bem provida de remédios, até mesmo dos mais caros. Ele sabia o que significava ficar ou ser doente, pois tinha estado muito tempo enfermo.

Reza-se muito na Cidade da Imaculada. Ora-se antes das refeições e depois também. Percebe-se um fervor muito grande. Todos repetem o estribilho: "Deus é amor, e quem permanece no amor permanece em Deus e Deus permanece nele".

Sabe que é o amor que os conserva unidos. A alimentação é simples, mas em Niepokalanów ninguém passa fome. A baixela é simples até para os hóspedes. Guarda-se o silêncio no refeitório, somente interrompido quando há hospedes. Frei Kolbe sabe que somente no silêncio se pode ouvir a voz de Deus.

Lembra-se do dia em que alguns judeus foram a Niepokalanów a negócios. Depois que visitaram e viram tudo, um deles confessou-lhe: "Eu sou comunista (antes de estourar a guerra o comunismo era ilegal na Polônia). Mas devo dizer-lhe que é a primeira vez que vejo nossas ideias realizadas. Vocês são verdadeiros comunistas".

Foi o melhor elogio que frei Kolbe recebeu.

Mas ele está muito doente. Foi mandado para Zakopane. Como foi duro. Considerava-se um inútil. Os médicos não alimentavam muitas esperanças de cura. Esperava a morte. Era uma provação das mais duras.

E o pior ainda é que ele previa que se aproximavam momentos de trevas, de inquietude, de sofrimentos físicos e pior ainda, de sofrimentos morais.

Não foram as doses de remédios que colocaram de pé aquele candidato ao cemitério. Lembra-se que foi Ela, foi a Imaculada. Por isso de agora em diante atribuirá tudo à Imaculada. Ele era um servo, uma vassoura velha, ela seria a artista que pintaria o quadro mais lindo de sua vida.

A revista de Grodno tornou-se um sucesso chegando a 45.000 exemplares. Mas o convento de Grodno não estava capacitado para essa empresa. Havia murmurações dos padres. Como era difícil conviver com ele, embora não estivesse presente.

Seus confrades já não tinham mais o ideal de São Francisco, o radicalismo da pobreza. Eram homens práticos e o período heroico de sua Ordem já estava ultrapassado. Mas não para ele.

Como sofreu verdadeiro martírio quando lhe diziam: "Por que não parar enquanto é tempo? Por que não pôr o dinheiro nos bancos para assim ter um fundo que ajudará a obra a crescer?"

Frei Kolbe sofria, mas ao mesmo tempo era indulgente com eles, em vista de seus sonhos amalucados. Mas o homem tinha um ponto de vista claramente de-

83

finido. Por isso o defendia apaixonadamente. A obra da Imaculada não podia transformar-se simplesmente numa empresa financeira. Era para conquistar almas para Cristo e para a Imaculada.

Como lhe doía ouvir certo confrade dizer: "É hora de parar de crescer. Chega de máquinas, mais máquinas e de mais máquinas ainda. Já podemos viver de juros...". Ele pensava: "E as almas? Que se percam....?"

Nessa noite vem-lhe à memória um remorso. Ele tão calmo, ele que fizera o propósito de não contradizer ninguém, nessas alturas chegou a perder a calma e retrucar: "Viver de juros...deixemos que as almas então se percam..."

É certo que algumas ideias deviam deixar preocupados alguns de seus confrades. E não eram somente eles que ficavam espantados com os gastos. Lembra-se de um bispo que, visitando suas oficinas, vê uma máquina impressora moderna e lhe perguntou: "Que faria São Francisco se visse essa máquina tão cara?" A resposta que lhe deu deixou o bispo admirado: "Arregaçaria as mangas e começaria a trabalhar".

Um lampejo de alegria aflorou em seus lábios. Com o tempo muitos de seus opositores tornaram-se colaboradores seus.

Que alegria quando recebeu alta do hospital de Zakopane. Mas era preciso mudar-se de Grodno o quanto antes possível. Mas para onde?

Disseram-lhe que perto de Varsóvia havia um terreno à venda. Foi vê-lo. Foi grande seu entusiasmo. Entabulou negociações com o proprietário. Colocou bem no meio do campo uma imagem da Imaculada. E fez a Nossa Senhora um desafio: "Senhora, toma posse desse terreno. Pois calha bem para nossos fins!"

Ficou desapontado quando levou as condições do preço e as condições de pagamento. O Padre Provincial falou-lhe que era impossível tal negócio. Não era possível a compra daquele campo. Lembra--se como abaixou a cabeça, não querendo fazer sua própria vontade, mas a de Deus e a de sua Senhora.

Com dor no coração foi desfazer o negócio com o príncipe Drucki-Lubick. Esse perguntou-lhe: "O que devo fazer com a imagem?" "Deixe-a onde ela está", respondeu ele. Recorda como o príncipe ficou pensativo, mas de repente falou-lhe: "Pode ficar com o terreno. Dou-o de presente para o senhor".

O Frei tão comedido, controlado, informa o Padre Provincial com tanta alegria que contagia todo mundo. Sua alegria, quando a autorização definitiva chegou a Grodno, não teve limites. Como abrisse a carta tremendo na tipografia, onde se imprimia o último número da revista, gritou para seus confrades operários: "Ajoelhemos, meus rapazes e agradeçamos a Nossa Senhora!" Como aquelas três Ave-Marias foram rezadas com tanto fervor e com tanto entusiasmo naquele instante!

Como ele tinha pressa! Muitos dos frades partiram logo para preparar o terreno. Surgiam como que por milagre os barracões de madeira. Tudo muito pobre, e eles também como muito pobres não se podiam dar ao luxo de contratar operários qualificados.

Como os camponeses ficavam comovidos, vendo aqueles religiosos levar um pedaço de pão no bolso; não tinham outra refeição. Traziam-lhes comida quente, e os ajudavam também nos trabalhos. Davam o nome à "cidade da Virgem" chamando-a "nossa Niepokalanów".

Os primeiros tempos foram duros. Tudo por fazer. Os trabalhos eram pesados. Às vezes passavam as noites dentro dos barracões, onde o vento passava assobiando pelas grandes frestas que serviam de janelas, ou mesmo ao relento.

O exército de Nossa Senhora deixou definitivamente Grodno no dia 20 de novembro de 1927. Chegou à Niepokalanóv no dia seguinte, festa da Apresentação de Nossa Senhora. Havia aí, em tudo, uma pobreza radical franciscana. Como era preciso rezar e entusiasmar as vocações que chegavam no meio daquelas privações. Mas seu número aumentava dia a dia.

6. Sétimo dia

De manhã, dois companheiros estão agonizando no *bunker*. Precisa-se de coragem para presenciar tal cena. Mas os companheiros já estão acostumados a presenciar cenas ainda piores naquele inferno. Os moribundos querem ar... Há um ruído rouquenho que sai daquelas gargantas ressecadas. Uma agitação toma conta de seus mirrados corpos.

Os companheiros abatidos os rodeiam, enquanto frei Kolbe lhes dá a absolvição geral e encomenda suas almas à misericórdia de Deus. Pelo menos espiritualmente estão preparados para comparecerem à presença do Senhor.

Os guardas parecem abutres espreitando suas vítimas. Quando os agonizantes soltam o último suspiro, abrem a porta e constatam que eles já faleceram. Chamam o coveiro Borgowiec para remover aqueles corpos ainda quentes para que os joguem no forno.

Repetem-se os gestos do dia anterior. Com um gancho na ponta de um pau, arrasta para fora do *bunker* aqueles corpos tão sujos, que o coveiro tem repugnância de tocar neles. Colocam aqueles corpos imundos no carrinho de ferro, e lá se vão eles para se tornar um punhado de cinzas.

Fora do *bunker* não há o mínimo sentimento de comiseração para com os mortos. A repetição dos fatos torna a cena tão banal, que se fosse realizada com animais causaria a mesma impressão. Nenhuma impressão! Morrer em Auschwitz tornou-se tão comum, que viver, sim, seria até estranho.

Nesse sétimo dia, quando chega a noite, frei Kolbe sente um grande consolo porque preparou seus três companheiros para comparecer à presença de Deus. Depois de suas últimas preces, recomeça as recordações de sua vida.

Doces e amargas recordações de Grodno. Ali chegando, tinha de começar tudo praticamente da estaca zero. Essa cidade estava em plena decadência.

Ele tinha apenas a autorização de seus superiores e nada mais. Deram-lhe dois ajudantes, um irmão e um candidato. O irmão, Frei Alberto Olszakowski, que morreu de tanto trabalhar.

Não teve o apoio de seus confrades, embora no princípio não se opusessem a seus planos. Preferiam ocupar-se de seus trabalhos pastorais. Somente um padre, Frei Fordon, tuberculoso como ele, tornou-se seu colaborador. As obras de Deus não são fáceis.

O convento era uma grande construção. Deram para ele três cômodos onde imprimiria sua revista.

A máquina que comprara por cem dólares, ganhos de um padre americano, era uma máquina velha, que funcionava manualmente. Para imprimir 5.000 exemplares era preciso muito esforço. Para imprimir tantos exemplares era preciso fazê-la dar 60.000 voltas.

Seus ajudantes trabalhavam de manhã até a noite. E como era cansativo aquele trabalho! Ele apesar de sua saúde trabalhava como os outros e até mais dos que os outros. Tinha além disso as obrigações religiosas do convento. Tinha os momentos de orações, horas de ouvir as confissões, ir atende doentes, às vezes a quilômetros de distância. E aqueles que o ajudavam somente podiam se ocupar com a impressão da revista depois de concluídas suas obrigações de varrer a casa, rachar a lenha e limpar os quartos dos padres... e outras atividades.

A renda do convento era bem minguada. Por isso também a alimentação deixava muito a desejar. O que entrava por meio da venda da revista era para melhorar o maquinário e aumentar a tiragem da revista.

Frei Kolbe sofria com isso. Mas os próprios companheiros assim queriam as coisas. O heroísmo era contagioso. O pequeno grupo viveu alguns anos suportando os efeitos da radical pobreza.

O Padre Provincial manda-lhe mais um cooperador. Mas esse chega apavorado, pois o superior lhe dissera: "Você irá trabalhar com o frade mais doido que eu já vi...".

A tiragem da revista foi crescendo sempre mais. Foi dada a licença para aumentar de 16 para 24 páginas. Com isso aumentou também o trabalho. Lá se foram mais algumas horas de sono e de descanso. Mas a revista *O Cavaleiro da Imaculada* aumentava a tiragem cada vez mais.

Sua alegria era grande quando muitos candidatos se apresentavam para a vida religiosa. Mas eles somente queriam trabalhar com o frei Kolbe. Os superiores se perguntavam: "Temos o direito de recusar os candidatos somente porque eles querem trabalhar com esse maluco de frei Kolbe?"

Já percebia certa oposição de seus confrades. Eles se questionavam se já não era hora de pôr um fim em toda aquela loucura. A *Cidade da Imaculada*, com seus 700 frades leigos, não poderia ser desmantelada de uma vez. Mas frei Kolbe tinha um carinho todo especial para com esses irmãos leigos. E é por isso que as vocações aumentavam cada vez mais.

As murmurações em Grodno cresciam dia a dia. "E se frei Kolbe for à falência? O que fazer com esses irmãos leigos?" Era uma pergunta que exigia resposta urgente. "Que faremos com eles quando ficarem velhos? Depois, cada dia vai ser necessário celebrar uma missa de corpo presente..."

Os frades trabalhavam num clima de alegria e de oração, mesmo às vezes lhes faltando o necessário. Um usava as roupas e os calçados do outro. A exceção era a capa de frei Kolbe, porque esta lhe servia de único cobertor no tempo de frio.

O ano de 1925 foi o ano do jubileu. Uma nova obra que parecia uma loucura foi idealizada: publicar um calendário em louvor a Nossa Senhora, com uma tiragem de 12.000 exemplares. É claro que o trabalho dobrou. Aquele calendário foi um sucesso.

A preocupação e oposição no convento foi maior ainda. Sorte que o Padre Provincial chegou para fazer uma visita canônica. Viu o progresso da revista e abençoou-a. Pediu para ser admitido à Milícia da Imaculada, e ordenou ao padre guardião que cedesse uma ala do grande convento para instalar aí a tipografia.

Mal o Provincial tinha partido, a oposição tornou-se mais forte. Queriam fazer gorar aquele plano adoidado. Pode-se imaginar uma tipografia dentro de um convento? Onde ficaria o silêncio religioso? Nada de ceder uma ala àquele projeto doido!

Foi então que um frade teve uma ideia genial. Falou para os outros: "Nós temos permissão do Padre Provincial. Por isso estamos plenamente dentro do espírito de obediência. E não vamos contra ela. Vamos só antecipar a realização do projeto e pôr os padres diante de um fato consumado".

À noite, enquanto os padres dormiam, os frades em silêncio foram ao velho refeitório na ala que lhes fora cedida. Em pouco tempo as paredes e um velho forno estavam no chão. É interessante é que apesar daquele barulho de picaretas e marretas nenhum padre acordou...

Isso irritou os velhos padres. Os irmãos foram chamados de loucos furiosos.

Uma vez preparado o amplo refeitório, era preciso instalar novas máquinas. Ninguém ficou sabendo como ele arrumou tanto dinheiro. O fato é que um belo dia chegaram à estação de Grodno enormes caixões com as novas máquinas. Que alegria para seu coração.

Era necessário comprar um motor para tocar aquelas máquinas. Procurou um tal de Borowski. Foi rezando o rosário durante a caminhada, como era seu costume. Interessante é que, quando chegaram, viram sobre o motor uma imagem da Virgem.

Esse motor é nosso, murmurou ao ouvido do companheiro. Após pechinchar com o dono conseguiu um desconto de 35%. E o ex-dono foi pessoalmente instalar o motor. Teve o azar ou a sorte de confidenciar a um frade que fazia mais de vinte anos que não se confessava, nem entrava numa igreja. A notícia correu como um rastilho de pólvora entre os frades. Frei Kolbe lembra-se de ter falado: "Vamos rezar, rapazes. A oração pode tudo".

Numa tarde os frades convidaram o senhor Borowski a uma entradinha para visitar a igreja. Ele protestou: "Faz tantos anos que não boto os pés numa igreja!"

91

"E daí? Um dia é preciso começar... Olhe, ninguém vai vê-lo. O senhor vai entrar conosco pelo coro, atrás do altar."

O ateu teve de ceder. Lá se foi ele. E aí entrando, ajoelhou-se no genuflexório de um confessionário. Frei Kolbe logo sentou-se do outro lado, colocou a estola e lhe perguntou com uma voz que calou fundo na alma do impenitente: "Quanto tempo faz que o senhor não se confessa?"

Depois de muito tempo Borowski levantou-se. Tinha os olhos vermelhos de tanto chorar. Frei Kolbe recorda-se ter esperado que, instalado em seu novo ambiente, o exército de Nossa Senhora não teria maiores problemas. Como se enganou! Aconteceu justamente o contrário. Caiu sobre Grodno uma chuva de desgraças. Para começar, frei Kolbe teve uma recaída violenta. Foi enviado às pressas para Zakopane. Frei Afonso (seu irmão) tomou seu lugar. E lá em Zakopane Frei Kolbe rezava e sofria. As obras de Deus são assim mesmo.

7. Oitavo dia

Quando de manhã os guardas abriram a porta do *bunker*, praticamente não havia novidade lá dentro. Os condenados gemiam estirados no chão. Borgowiec não notou nenhum morto entre eles.

Aqueles homens, com as barbas crescidas, com os corpos imundos, sofriam o martírio naquele antro. Alguns deliravam. Outros invocavam suas mães... E nesse momento frei Kolbe aproveitava para dizer-lhes que sua mãe estava com eles. Que invocassem essa Mãe que é a Imaculada Mãe de Deus e mãe deles.

De repente o delírio transformava-se em pavor. Parecia-lhes ver o comandante Fritsch e seu ajudante Palitsch apontando o dedo e gritando: "Este... aquele lá..." E o medo paralisava aquele coitado. Quanta dificuldade frei Kolbe experimentava então para acalmar e animar seus companheiros. Alguns já não tinham mais forças para acompanhar as orações, e muito menos os cânticos.

Ah! se um condenado ao *bunker* da fome sobrevivesse e voltasse entre os próprios prisioneiros, esses diriam: "Este homem voltou do inferno!" Desse inferno ninguém sobreviveu. Nunca houve um gesto de misericórdia para com esses condenados. E os sofrimentos eram cada dia mais terríveis.

Frei Kolbe sofria calado. O martírio que sempre desejou acontecia. A coroa vermelha pairava sobre sua cabeça. E ele dizia: "Minha Mãe, não faltaste com tua promessa. Agora sinto que o céu me está bem próximo!" Isso dava-lhe forças para animar também seus companheiros.

Oito dias com os mais horríveis sofrimentos. Assim termina esse oitavo dia.

A noite para frei Kolbe foi terrível. Ele teve o pressentimento do que iria ainda acontecer para sua pátria e para muitas pessoas. Os exércitos alemães marchando contra os russos, que tinham ocupado metade de sua terra querida. Uma carnificina a mais. Uma mortandade de inocentes. Uma mortandade de soldados russos que recuavam, recuavam sempre mais.

Mas um dia, voltando, os russos tiram vingança. São exércitos indisciplinados. Um bando de soldados bêbados. Roubam, matam e estupram quantas mulheres encontram em sua passagem. Pobres vítimas que lhes caem nas mãos. Não são estupradas apenas por um soldado. Mas são dez, doze soldados que saciam seus instintos bestiais em cada pobre mulher. Suas vítimas preferidas são as religiosas que ficaram em seus conventos. Uma jovem é encontrada morta com uma garrafa de refrigerante enfiada em seus órgãos genitais.

A guerra é um flagelo. Desgraças e mais desgraças. Essa Segunda Guerra Mundial causou a morte de mais de cinquenta milhões de vítimas e inumeráveis feridos.

Frei Kolbe sofre em espírito essas terríveis previsões. São dias de verdadeiras calamidades apocalípticas.

8. Nono dia

Aturar nove dias sem provar uma migalha de pão ou uma gota d'água, faz o organismo sofrer consequências tremendas. Os rins já não filtram mais líquidos, o fígado já não produz a secreção da bílis.

Nas vísceras parece correr um fogo ardente, fazendo que o paciente vergue o corpo e aperte o ventre nos paroxismos da dor.

Os guardas abrem a porta do *bunker*. Borgowiec constata que há mais um morto lá dentro. Os mesmos gestos. Um gancho preso na ponta de um pau. O corpo é arrastado para fora. Frei Kolbe traça o sinal da cruz sobre aquele cadáver que vai deixando aquele inferno para ser reduzido a um pouquinho de cinzas no forno crematório.

É espantosa a indiferença dos carrascos diante da morte de um ser humano. Talvez se compadeçam mais diante de um animal morto do que diante de um semelhante seu. Nem uma contração do rosto se percebe naqueles homens. Parece que até foram treinados para não se compadecer dos pobres condenados.

Mas há uma coisa interessante: eles não suportam o olhar daquele frade magrinho, esquelético com ares de criança e ordenam-lhe: "Não olhe para nós!" Por que será? O que haverá ainda no fundo de suas consciências? Restaria algo de humano nessas feras? Quem poderia definir o mistério da iniquidade e a sobrevivência da solidariedade humana em homens como aqueles carrascos.

Retirado o corpo daquele morto, a porta é trancada. Frei Kolbe convoca seus companheiros para as orações. Rezando, confortando e consolando passa-se mais um dia.

Depois das terríveis previsões das catástrofes sobrevindas contra sua nação e sobre povos inocentes, primeiro pelos alemães e agora pelos russos comunistas, frei Kolbe retoma o fio de suas recordações. Quanta saudade daqueles belos tempos!

Sete colegas tinham-se comprometido com a Imaculada naquele dia 17 de outubro de 1917. Dois deles já tinham partido para a eternidade. E os outros? Não foram fiéis a seus compromissos com a Imaculada. Somente ele, frei Kolbe, ficou fiel à consagração à Imaculada. Mas ele não quer julgar ninguém.

Não queria a *Milícia da Imaculada* como uma confraria devota, e sim como um exército, uma milícia da Imaculada. Era sua grande aspiração. Ele queria salvar todas as almas, não apenas algumas almas.

Sua promessa à Imaculada era um juramento. Foram sete os que se comprometeram, mas certamente somente ele tinha consciência do que dizia e da missão para a qual se comprometia.

Qual era sua ideia fundamental? Era conquistar para Cristo todas as almas do mundo, enquanto existisse o mundo. Era comprometer a própria Imaculada em seu projeto. Não seria uma confraria devota. Seria uma milícia não limitada a sua Ordem, mas que teria o sentido mais amplo de Igreja. Essa Milícia precisa de quatro meios para realizar sua missão. Precisa de oração, de exemplo, de sofrimento e de trabalho. Tudo numa vida interior. Esse era seu sonho. Jamais colocar o progresso acima da espiritualidade.

Mas tudo isso exige esforço e atividade incessantes. Mas justamente agora, quando estava sendo submetido a um pneumotórax e já tinha o outro pulmão comprometido? Antes de ser internado semeou seu grãozinho de mostarda, que ninguém levou a sério.

Começou em Cracóvia, com o primeiro "lar" da Imaculada. Primeiramente convidou seus confrades. Depois convidou outras pessoas. O número de adesões aumentava cada dia. Uma alegria nesta noite invade seu coração enquanto se lembra daquele início.

Mas uma lembrança vem perturbar sua mente. Lembra-se das perseguições suscitadas até por seus confrades. Até calúnias contra ele. Que esforço para perdoar-lhes e não guardar ressentimentos exigiu-se dele então.

Que bom ter posto sob a obediência seus fantásticos projetos. Obedecendo ele não errava. E seus superiores poderiam errar? Kolbe era um jovem religioso que tinha apenas vinte e cinco anos de idade.

A doença foi uma escola de paciência e perseverança para ele. Estava melhor de saúde. Pôde voltar a Cracóvia e reassumir seus trabalhos. Novos membros entraram para a Milícia. Tornou-se necessário fundar um centro de informações, para manter os membros unidos. Ele começou com um modesto boletim. Teve a licença dos superiores, mas com uma condição: que ele levantasse os fundos necessários. O convento era muito pobre e não podia arcar com as despesas.

Mas isso não o desencorajou. Por amor à Imaculada estava pronto para qualquer sacrifício, inclusive mendigar. E isso lhe era muito penoso. Muniu-se de coragem e foi bater às portas. Que vergonha sentia! E o primeiro a ser visitado foi um padre de Cracóvia.

Aquelas esmolas, com as pequenas contribuições dos membros da Milícia, cobriram as despesas, e assim saiu em janeiro de 1922 o primeiro número da revista. Lembra-se como deu-lhe o nome pomposo de *O Cavaleiro da Imaculada*. Quantas dificuldades na redação do primeiro número. Mas o segundo número foi impresso. Pagou a tipografia que imprimiu a revista, e não lhe sobrou um centavo. Quando o superior ficou sabendo da situação, simplesmente lhe falou: "Eis o que acontece, meu confrade, quando se pretende com uma enxada conquistar a lua (era um provérbio polonês). Agora se vire, mas sem comprometer o convento".

Foi então que a Imaculada interveio de modo milagroso. Depois da missa ele encontrou sobre o altar de Nossa Senhora um envelope contendo a quantia exata para pagar o tipógrafo. Havia um endereço no envelope escrito com péssima letra: "A ti, Mãe Imaculada". Foi apressado procurar o superior. Havia em tudo muita coincidência. Pôde ficar com o dinheiro. E daquele dia em diante a revista somente progrediu. Houve muitas coincidências. Frei Kolbe colocou no fundo de uma caixa de papelão uma estampa de São José de Cotolengo, nomeado por ele como seu tesoureiro. E como isso lhe deu sorte!

Lembra-se que nem todos os seus confrades o encorajavam. Alguns ficavam admirados. Outros ainda eram abertamente hostis. E questionavam se publicar revistas era conforme o espírito da ordem, ou se esse espírito seria pregar e ouvir confissões.

Frei Kolbe não dizia nada. Esperava que as coisas acalmassem. Queria simplesmente obedecer.

Precisava de uma impressora nova. Aquela antiga não mais correspondia às necessidades do momento. Durante um ano tinha trocado cinco vezes de tipografia.

A resposta do Provincial foi um verdadeiro desafio: "Dou-lhe minha licença, contanto que você arrume o dinheiro".

Situação aflitiva porque ele não possuía um centavo sequer. Mas pagou pessoalmente. Como? Os santos sabem fazer milagres.

Lembra-se daquele sacerdote americano, que tinha vindo visitar a Polônia "ressuscitada". E como foi difícil tolerar o gracejo de um confrade, que queria divertir-se à custa dele, zombando de sua revista como se ela fosse um "pasquim". E a pretensão de conquistar o mundo inteiro. E como era um visionário que sonhava até possuir uma tipografia sem ter um centavo. Como conseguiu conservar-se calmo, apesar de profundamente ferido pelo gracejo, pondo a mão sobre a boca para não deixar escapar nenhuma palavra de impaciência.

O visitante não gostou nem um pouco daquele gracejo sem graça. O que haveria de mais em ter o desejo de possuir uma tipografia? Ele teria o mesmo desejo se precisasse. E o que confrade ouviu do americano deixou-o sem graça alguma: "E o senhor, meu caro padre, em vez de caçoar faria melhor se o ajudasse a comprar a máquina. Por isso, meu caro frei Kolbe, desejo dar-lhe uma pequena ajuda.

Preencheu um cheque de cem dólares, que naquele tempo era uma grande quantia, e o passou a Frei Kolbe. Foi com esse dinheiro que ele conseguiu adquirir uma velha impressora.

Nesse ínterim o espaço em Cracóvia começou a ficar pequeno para sua revista. Era um empecilho para seus confrades dedicados a outras atividades. Era preciso encontrar outro local. Os superiores pensaram em Grodno onde havia um grande convento. E para lá deslocou-se Frei Kolbe.

9. Décimo dia

Como aquelas recordações foram gratas a nosso santo frade em meio a seus indizíveis sofrimentos naquele antro de morte. Nesse novo dia que desponta, convida seus companheiros a rezarem com ele.

"Meus filhos, rezemos a Deus e à Imaculada. Precisamos de forças e de graças para sermos fiéis a Ele e à Ela. Coragem, meus filhos! Mais um pouco ainda e estaremos com ela nos céus. Ofereçamos nossas dores e nossos sofrimentos a Jesus que os sofreu também por nós." E começa a rezar.

Alguns, com voz quase sumida, acompanham-no. Outros seguem-no mentalmente, pois seu estado é de extrema exaustão. Como é duro esperar contra toda esperança. Mas frei Kolbe procura infundir naqueles miseráveis um fiapo de esperança. Fala-lhes com tanta convicção do céu, que eles sentem renascer no coração a esperança. E assim se passa mais um dia.

Frei Kolbe voltou de Roma para sua querida Polônia em 1919. Lembra-se que estava adoentado, enfraquecido, sem dar aos superiores muitas esperanças quanto ao trabalho.

No convento de Cracóvia foi professor no seminário. Quando chegou, sua pátria estava livre, mas numa inflação nunca vista. O povo colaborou com jóias e dinheiro, esse dinheiro tão desvalorizado. De repente uma nova desgraça. Os exércitos russos querem conquistar a Europa. A Polônia sozinha barra as pretensões russas durante vinte anos. Mas estava devastada e a miséria era grande. Peste por toda a província do leste.

Havia grande necessidade de professores, porque durante os quatro anos de guerra muitos faleceram. Ele colocou-se à disposição das necessidades. Esperava, porém, levantar o entusiasmo pela sua obra, a obra da Imaculada, principalmente no convento, entre seus confrades. Poucos entusiasmaram-se por ela, e alguns chegaram mesmo a sorrir, talvez pensando: aí está um fradinho "enfadonho" e sonhador..." E até ganhou entre eles um apelido, "o marmelada". Estava tão fraco e era motivo de zombaria dos outros.

Doía-lhe na alma, mas calava-se e sofria pacientemente. Aquela dura experiência foi-lhe útil, porque mais tarde se mostraria de doçura e ternura sem limites para com os doentes. Queria tratá-los como verdadeira mãe.

Como sua saúde estava comprometendo todos os seus sonhos! Tinha movimentos lentos, que provocavam risos e críticas dos confrades. Muitos não o aceitavam, porque era diferente. E achavam até que era um desmancha-prazeres. Por isso usavam contra ele a arma terrível do ridículo.

Sua temporada em Cracóvia foi difícil. Sempre havia quem o ridicularizasse, até publicamente, como aquele confrade que em sua presença e perante vários confrades saiu-se com essa: "E dizer que uma vez eu me deixei envolver por tal ilusão!"

Frei Kolbe ficou vermelho. Conteve-se e nada respondeu.

Sua saúde piorava sempre mais. Os superiores mandaram-no para o sanatório de Zakopane, e lá ficou durante nove meses. Teve oportunidade de fazer lá muito apostolado, através de seus sofrimentos e das muitas horas de orações nos períodos obrigatórios de repouso.

Quantas conferências para os enfermos, para os médicos e estudantes, que gostavam de ouvi-lo.

Lembra-se de um jovem de Tarnow. Era um judeu que piorava cada dia mais. A tuberculose devastava aquele corpo jovem. Um dia ele lhe disse que talvez fosse a última conferência que ouviria. Como tratou bem aquele rapaz!

Certo dia foi avisado que o rapaz estava moribundo, mas plenamente lúcido. Ele, frei Kolbe, com seu jeitinho, conseguiu entrar no pavilhão reservado aos doentes graves. Ficou ao lado do jovem. O rapaz pediu-lhe o batismo, pois queria tornar-se católico como frei Kolbe. Com quanta alegria batizou aquele jovem. Deu-lhe a comunhão em forma de viático, para fortalecê-lo na caminhada para a casa do Pai. Colocou em seu pescoço a medalha milagrosa.

Recorda-se como o jovem estava feliz. Mas temia sua mãe que estava para chegar ao sanatório. Ela era uma judia fanática.

"Fique tranquilo, meu rapaz. Antes que sua mãe chegue, você já estará nos céus."

Que morte bonita! Às onze horas ele entregou sua alma ao Senhor. Ao meio-dia sua mãe chegou. Deu um grito histérico e arrancou do pescoço do filho a medalha milagrosa, atirando-a longe. Berrava como uma louca: "Mataram meu filho! Tiraram-me meu filho! Fez um berreiro que ecoou pelo sanatório inteiro. Foi um escândalo. Não aceitou explicações.

Em Zakopane trabalhou dentro dos limites permitidos pela obediência, seguindo o regulamento. E assim tinha muito tempo, muitas horas para suas orações particulares. Como aproveitou seu tempo de enfermo!

10. Décimo primeiro dia

Seria até difícil descrever. Mas o mau cheiro era uma coisa pavorosa dentro daquele quartinho, chamado *bunker*. Os soldados nem queriam chegar perto da porta. Mandavam o coveiro Borgowiec abrir a porta e eles mesmos ficavam distantes, não tolerando aquele fedor. Com os dedos polegar e indicador fechavam as narinas e tapavam a boca. E tinham até ânsia de vômito.

Borgowiec abria a pesada porta para verificar se havia dentro mais algum morto. Fazia dias que não precisava mais levar embora aquela lata que servia de vaso sanitário. E o que ele via talvez nem Dante Alighieri tenha descrito em seu poema *Divina Comédia*, na primeira parte: O Inferno. O chão coberto de fezes e o sangue do primeiro morto em estado de putrefação tornavam o ar irrespirável.

Aqueles presos, menos frei Kolbe, deitados no chão no meio daquela imundície. Os guardas gritavam: "Feche logo essa porcaria!", e se afastavam para longe daquele *bunker*, cuspindo e escarrando como que para se livrar daquele fedor.

Enquanto a porta ia sendo fechada, podia-se ouvir a voz forte de frei Kolbe: "Meus filhos, rezemos. Deus está aqui conosco. Ele saberá acolher nossas preces. Rezemos também por nossos inimigos e os perdoemos de coração... Jesus ensinou-nos a perdoar..."

Não havia mais tempo dentro daquele *bunker*. Quantos dias ali estavam? Ninguém saberia dizer. Também no inferno não há tempo. Há somente eternidade. O grande relógio bate: "sempre" — "nunca". Sempre dura e nunca acaba. E aí nunca acabavam os sofrimentos e sempre duravam os tormentos da fome e da sede.

Frei Kolbe rememora o ano de 1914. Foi o começo da Primeira Guerra Mundial. Os estudantes poloneses e os súditos da Áustria tinham de deixar a Itália. Ele foi a San Marino, onde ficou algumas semanas. Depois pôde voltar a Roma, para o colégio de São Teodoro.

Por causa da guerra, como o Papa Pio X sofria. Fizera tudo o que estava a seu alcance para que fosse evitada. Mas não era só a guerra que afligia o catolicismo. Cheio de desgosto o Papa veio a falecer. Seu coração não aguentou diante de tantos sofrimentos.

Frei Kolbe rezava muito nesses sombrios dias da guerra. Era preciso salvar tantas almas que se perdiam. Salvar todas as almas. Salvar a própria cristandade que estava em jogo. Pensava: "Tendo Nossa Senhora como aliada a vitória será certa".

Mas era preciso lutar e não ficar somente em palavras. E assim um plano começou a surgir em sua mente. Sua devoção à Imaculada solidificou-se com o clima de devoção mariana que havia no colégio.

Ele aprendia mais sobre a Virgem Maria por meio da oração do que nos livros; mais de joelhos diante dela do que debruçado sobre livros eruditos. Assim passavam os anos em Roma.

De joelhos diante do altar, frei Maximiliano Kolbe conseguiu diplomas mais importantes que os de filosofia e teologia, adquiridos na Universidade Gregoriana, onde se doutorou.

Era verão de 1917. Ele, recentemente, ordenado padre. Fez então um contrato com Santa Teresinha do Menino Jesus, a carmelita de Lisieux, que ainda não tinha sido canonizada. Rezaria todos os dias por sua canonização. Mas, em troca, ela devia garantir suas futuras conquistas. Fechado contrato.

Amadureciam seus planos de fundar a *Milícia da Imaculada*. Como surgiu essa *Milícia*? Lembra-se que somente bem mais tarde, somente em 1935, por ordem de seus superiores iria revelar por escrito tudo isso.

Ele falava sempre com seus companheiros sobre

esses planos, esses projetos para reanimar o fervor em sua Ordem. Tinha pena dos jovens que nela entravam, ficavam decepcionados com a vida religiosa e depois saiam em vista da mediocridade que se vivia.

Ainda garotinho comprara uma estatueta da Imagem de Nossa Senhora. No colégio em Lvov, prometeu a Nossa Senhora combater por ela. Ele não sabia ainda bem como faria isso. Pensava até em pegar em armas e por isso surgiu uma crise vocacional. Antes da profissão dos votos, confiou esse problema ao Padre Mestre. Ele trocou sua promessa de lutar materialmente pela obrigação de rezar todos os dias certa oração que rezou até o fim. Então pode discernir que espécie de luta Ela queria dele.

"Quando os maçons começaram a se agitar cada vez mais, quando ergueram sob a janela do Vaticano seu estandarte, em que sobre o fundo negro Lúcifer esmagava debaixo dos pés o arcanjo São Miguel, quando se puseram a distribuir manifestos contra o papa, surgiu clara a ideia de fundar uma associação que tivesse a finalidade de lutar contra os maçons e outros partidários de Lúcifer."

Ele presenciara todos esses acontecimentos. Em 1917, para comemorar o segundo centenário da maçonaria, Roma foi escolhida para as encenações sacrílegas de seus festejos. Na praça de São Pedro, e diante da janela do Papa, verdadeiros bandidos agitavam o satânico estandarte onde se lia: "Satanás deve reinar no Vaticano e o papa será seu escravo"

Todos os dias ficava sabendo, por meio do reitor do

colégio, desses mistérios da iniquidade. Ficou impressionado para sempre. Como o demônio trabalhava no mundo! Decidiu então fundar a *Milícia da Imaculada*. Mas queria sempre agir na mais estrita obediência. E assim todos que quisessem pertencer à Milícia da Imaculada deveriam prestar sua obediência.

Surge para ele o sofrimento. Era tempo de férias. Ele e os seminaristas vão para uma casa de campo, não muito longe do colégio. Estava animado numa partida de futebol. De repente percebe que sua boca está cheia de sangue. Deitou-se na grama. Vomitou sangue durante certo tempo. Pensava que tinha chegado sua última hora e sentia-se feliz. O médico mandou que voltasse de automóvel para casa e ficasse deitado. Custou para que o sangue se estancasse. As hemorragias eram constantes. Antes nunca tinha dado sinais da tuberculose que agora o acompanhará pelo resto de sua vida. Guardou segredo sobre sua doença.

Duas semanas de repouso e depois obteve alta. Voltou para a casa de campo. Foi uma alegria entre os colegas. Foi então que confidenciou a uns amigos a ideia de fundar a *Milícia da Imaculada*. Mas eles, se quisessem aderir, deveriam pedir licença para seus diretores espirituais, para terem a certeza da vontade de Deus.

A ideia da fundação era uma ideia fixa do jovem frade. Ele aproveita a primeira oportunidade para expor aos amigos mais íntimos seus planos grandiosos. No colégio, só os amigos mais achegados a ele sabiam de seus projetos. Também o Padre Reitor Estêvão Ignudi estava a par da futura fundação da Milícia.

No dia 16 de outubro de 1917, houve a primeira reunião dos sete primeiros membros. Lembra-se, nesse momento, do nome de todos eles. Diante de uma pequena estátua de Nossa Senhora, com as portas fechadas, numa cela interna do colégio, foi discutido o programa da Milícia. Sua alegria quando o Padre Alexandre Basile, que era confessor do Papa, prometera pedir-lhe uma bênção para a Milícia da Imaculada. Mas ficou só na promessa. No entanto, obteve a bênção papal por meio do Padre Jaquet, seu professor de história.

Um ano depois, a Milícia ainda não tinha feito progresso. Quantos obstáculos surgidos! Seus companheiros nem mais falavam dela. Frei Antônio Glowinski e Frei Antônio Mansi foram para a eternidade, vítimas da gripe espanhola. Pelo menos tinha mais dois intercessores junto de Deus e da Imaculada.

Lembra-se da recaída. Tossia muito e vomitava sangue. Foi mandado a Viterbo. Livre das aulas, teve tempo para recopiar o programa da Milícia da Imaculada para mandá-lo ao superior geral da Ordem, para obter sua bênção por escrito. A resposta foi: "Se pelo menos fossem doze os membros...!" Mas não só deu sua bênção, mas expressou o desejo que a Milícia se difundisse principalmente entre os jovens.

Naqueles inícios, as maiores atividades eram a oração e o sacrifício, acompanhados da distribuição da medalha milagrosa. O Pe. Geral dera-lhe dinheiro para que comprasse mais medalhas.

No começo eram sete os membros. Mas nem todos

com o mesmo entusiasmo. Um deles chegou até a desanimar os outros, afirmando que tudo aquilo não tinha sentido. Que era uma grande ilusão.

Houve a intervenção do Pe. Geral, proibindo-o de se ocupar naquela obra por causa de sua saúde. Mas frei Kolbe lembrou-se que justamente com a morte dos dois Antônios refloresceu sua obra. Santa Teresinha estava agindo... Seus confrades estavam junto de Deus para defender sua causa e a dos cavaleiros consagrados à Virgem.

11. Décimo segundo dia

Doze dias após ser encerrado naquele inferno, frei Kolbe ainda se mantém em pé ou de joelhos. E justamente ele, que era o mais fraco da turma, ele que tinha apenas um pulmão reduzido pela tuberculose. Certamente era um esforço sobre-humano. Provavelmente pedia essa graça a sua querida Imaculada, para estar vivo e poder acompanhar todos os seus companheiros e levar todos aos céus.

O coveiro Borgowiec abriu a porta daquela imundície. Ficou admirado de ver o frade de joelhos, rezando ao ouvido de um detento estirado no chão. Estava chegando a última hora desse sofredor.

Os policiais guardavam distância porque não suportavam aquele fedor. Mas podiam ver a assistência carinhosa e caridosa daquele homem fraco e magro, que normalmente deveria ser a primeira vítima da sede e da fome. Balançavam a cabeça, e sabe-se lá o que se passava dentro dela. Nunca tinham visto coisa igual.

Sabiam eles que aquele religioso corajosamente se oferecera para morrer no lugar de um outro. Primeiramente, o julgavam um doido varrido. Tinha tido a sorte de não ser escolhido pelo comandante Fritsch, e lá vem ele se oferecer para ir ao *bunker* da morte.

Eles não sabiam que um dia alguém se ofereceu para morrer por toda a humanidade, para salvá-la. Aceitou morrer no suplício de uma cruz. E que agora, aquele homenzinho era fiel discípulo desse Mestre. Ignoravam a caridade dele, pois Kolbe aprendeu que "ninguém tem maior amor do que aquele que dá a vida por seu irmão".

Frei Maximiliano Kolbe lembra-se do dia em que ele e um grupo de frades poloneses chegaram a Roma. Não haviam sido preparados para viver os mistérios da Cidade Eterna. Sabiam pouco sobre ela. Sabiam somente que aí vivia o Papa e que era a sede oficial do cristianismo.

Ele olhava, mas não se impressionava com as grandezas que o rodeavam. Mas aos pouco vai assimilando as riquezas dessa capital religiosa do mundo. A emoção vai crescendo em sua alma. Ficou extasiado com a Semana Santa. Não pôde conter as fortes batidas do coração ao presenciar a bênção com o véu da Verônica. Pediu ao companheiro que lhe emprestasse os óculos para ver o rosto de Jesus impresso naquela toalha.

Como ficou impressionado com a visita ao Coliseu. Não é a estrutura daquela construção que o emociona. Mas saber que aquela arena ficou empapada com o sangue de milhares de mártires. E ele, que escolhera as duas coroas, a branca e a vermelha, quando irá receber a segunda?

A bênção do Papa para todo o mundo! Como se comoveu com a solene consagração de sua Ordem ao Sagrado Coração. Tudo isso levava-o a aspiração de ser santo, de se tornar santo. Sabia que teria de lutar para conquistar a santidade.

Escreve para sua mãe. Quer que ela também seja uma santa. Quer que ela paute sua vida conforme a vontade de Deus.

Na mesma carta, em que deseja isso a sua mãe, conta a comovente lembrança do perigo que correu de perder o dedo polegar da mão direita. Um abcesso que, apesar de todos os remédios, não retrocedia. O osso estava aparecendo, e perigava a putrefação. O médico declarou que seria preciso amputar o dedo. Mas Kolbe lembrou que tinha um remédio mais eficaz do que todos os remédios usados. Tinha um frasco com água da gruta de Lourdes. Na véspera da cirurgia, começou a lavar o dedo com essa água. No dia seguinte, já no hospital, quando o médico cirurgião olhou seu dedo constatou que não era necessária a cirurgia. Foi um milagre. Ficou totalmente curado. Atribuiu o milagre à Imaculada.

Lembra-se que o nome consagrado em sua terra natal era, havia séculos, o de *Matoka Boska* que queria dizer: Mãe de Deus. Surge então, em sua mente, o nome que celebra esse privilégio da Virgem Maria: nasce o de *Niepokalanów*, a Cidade da Imaculada.

111

O ano de 1914 foi significativo para ele. Fez em novembro sua profissão solene. Estourou também a Primeira Guerra Mundial.

12. Décimo terceiro dia

Frei Kolbe interrompe suas recordações. Percebe que mais dois companheiros se debatem nas vascas dolorosas da agonia. É principalmente para essas horas que ele ainda sobrevive. Vai até eles.

Os coitados arfam, estertoram. A morte, senhora de além-mundo, chega para com seu selo real marcar aqueles que já foram escolhidos nessa tremenda ceifa. Eles não transpiram, porque não há mais líquido em seus mirados corpos. Secaram como uma tulipa, como aquele carrasco zombando previa, quando iam entrando no *bunker*. Tinham a boca horrivelmente escancarada.

Frei Kolbe reúne o resto de forças que ainda lhe restam. Ajoelha-se perto deles e reza, quase colado a seus ouvidos. Os agonizantes parecem sentir o efeito daquelas preces. Até parecem se acalmar. Um frio percorre seus corpos. Eles amolecem. Não há mais respiração.

Frei Kolbe põe a mão sobre suas frontes. Estão ficando geladas. Põe a mão sobre o coração. Eles não estão pulsando mais. Mais dois companheiros que partiram para a eternidade. Dir-se-ia até que há um velório naquele inferno.

Agora somente resta aguardar que surja o décimo terceiro dia e venha o coveiro para remover aqueles corpos. O ritual é sempre o mesmo. Os corpos são arrastados para fora com um gancho, e colocados num carrinho de ferro. Não há acompanhamento nem preces. Apenas o barulho das rodas do carrinho sobre os pedregulhos, e lá se vão eles para serem atirados como pedaços de lenha num dos fornos crematórios.

Pouco ainda resta para a missão de frei Kolbe. Os três companheiros restantes estão deitados, semimortos. No resto do dia ouvem-se somente as preces dele naquele lúgubre lugar, que ele transformara em capela nos treze dias ali passados. Seis condenados já partiram para junto de Deus.

Recordações de sua juventude. Como a vida era bela; apesar das provações, vinha sempre a recompensa. Lembra-se de Lvov e de Piabanice, então capital da Galícia. Lá se achavam vários noviciados. A religião era respeitada, por isso também muitos missionários eram ali formados.

O convento, depois de um período de estancamento, estava florescente. Havia um bom recrutamento vocacional.

Ele, Raimundo, continuava seus estudos. Gostava de matemática e de ciências. Fazia cada pergunta difícil aos mestres, pois grande era a sede de saber. Gostava de invenções. Fazia cálculos difíceis. Projetava vôos espaciais, e como se poderia fabricar um aparelho para ir à lua e lá caminhar. Bolava planos de defesa e de ataque. Conforme pensava, sua Piabbanice seria inexpugnável. Havia até um jogo, por ele inventado, no qual ninguém o batia. Que raiva sentiu quando um brutamontes rebentou tudo. Chorou, mas se conteve, e não partiu para cima do desmancha--prazeres. Estava com quinze anos.

Tinha sangue de soldado. E se não tivesse entrado para a vida religiosa, teria sido talvez um grande general ou exímio estrategista. Até pensava em ser militar. Foi então que surgiu a segunda crise espiritual. Lembra-se como lhe foi difícil decidir. Estava com dezesseis anos. Raimundo estava indeciso. Tinha de se decidir se iria para o noviciado. Mas ingenuamente pensava que talvez pudesse conciliar a vida religiosa e a vida militar, assumindo a vida de cavaleiro consagrado à Rainha de seu coração.

Foi à procura do Padre Provincial, a fim de lhe comunicar que não iria ficar na Ordem. Mas a Providência fez sua intervenção. No momento que se dirigia à cela do superior foi chamado à sala de visitas. E quem estava lá? Justamente sua mãe.

Depois de Francisco e dele, também seu irmão José tinha ido à Lvov para estudar. Sem mais ninguém na casa, seu pai e sua mãe resolveram abraçar a vida religiosa, satisfazendo assim o primitivo desejo. Para Raimundo aquela visita decidiu seu futuro. Será que ele não estava querendo fazer sua vontade e não a de Deus? Não estaria obcecado por alguma tentação? Logo após a partida da mãe, foi ao quarto do superior e pediu o hábito franciscano. E assim, muitas vezes na vida, Raimundo foi valente soldado e mártir numa guerra.

Entrou para o noviciado. Passou por dura provação. Foi assaltado pelos escrúpulos. Quanto sofreu! Quem o

114

ajudou foi seu colega de noviciado, que compartilhava da mesma cela. Quantas vezes por dia procurava seu colega, para que ele resolvesse seus problemas de consciência. O superior mandara-lhe obedecesse cegamente a seu confrade, e a obediência foi o remédio salutar. Ficou livre dos escrúpulos. Como o noviciado lhe fez bem! Aí morreu o "homem velho" e surgiu o "homem novo". Morreu Raimundo e surgiu Maximiliano.

Que santa inveja de seu confrade Frei Venâncio Katarzyniec. Por pouco tempo esteve com ele, mas copiou profundamente suas virtudes, principalmente sua humildade e sua fiel observância religiosa.

Veio-lhe mais uma provação. Em vista de seus dotes e inteligência privilegiada, os superiores decidiram mandá-lo a Roma para estudar na Universidade Gregoriana. Era o ano de 1912. Maximiliano Kolbe gelou de pavor. Ir a Roma? Com lágrimas nos olhos pediu ao Provincial que o dispensasse. Que o tirasse da lista. Foi atendido.

Nesse momento de suas recordações, frei Kolbe até esboça um sorriso. Disseram-lhe que em Roma, principalmente na Via Vêneto, havia mulheres nadegudas, de coxas roliças e de seios fartos, que assaltavam os homens e até religiosos na rua. Eram as marafonas do prazer. E ele não queria perder a coroa branca que a Virgem lhe tinha oferecido.

Durante a noite pensou muito. Angustiado, perguntou-se qual seria a vontade de Deus. Voltou à presença do superior e disse-lhe que estava disposto, sim, a partir para Roma.

115

Tinha medo, mas entregou-se à Providência Divina e à Imaculada. Lembra-se que então escreveu à mãe, pedindo-lhe que rezasse de maneira especial, pois tinha necessidade de oração, porque em Roma havia perigo, muito perigo. Tinha ouvido dizer que mulheres de má vida assaltam até mesmo religiosos nas ruas, e ele teria todos os dias de ir às aulas.

Mais tarde escreveria novamente a sua mãe que aquilo não era verdade. Nunca fora assaltado, mas também nunca saía de noite e só andava em grupo.

O fato era realmente muito divertido. Mas revela a delicadeza daquela alma transparente. Deus estava querendo-o em Roma para forjar bem sua alma.

Vem-lhe à memória um fato que mudou o rumo de sua vida.

Seus pais eram pobres. Lutavam pelo pão de cada dia. Com grande esforço mandaram o filho mais velho estudar. Naquele tempo os estudos eram pagos. Ele devia ficar em casa para ajudar os pais. Conformou-se e obedeceu.

Para suplemento do minguado salário do marido, sua mãe montou uma pequena quitanda, e ainda trabalhava como lavadeira. Raimundo substituía a mãe na modesta quitanda. Às vezes ela era chamada justamente na hora de preparar as refeições, e lá ia Raimundo para a cozinha onde inventava saborosos pratos. Parece que seu destino seria sempre ficar atrás de um balcão.

Mas a Providência divina intervém de modo admirável.

116

Um dia sua mãe mandou-o à farmácia, comprar um remédio, e como ele tinha excelente memória, recitou em latim para o farmacêutico quase toda a fórmula do remédio.

Como o bom farmacêutico ficou admirado com seu talento! Perguntou-lhe: "Você frequenta a escola?"

"Não senhor. É meu irmão que frequenta a escola, e ele vai ser ordenado padre. Mas eu preciso ficar em casa para ajudar meus pais que são pobres."

"Meu rapaz, você não pode ficar sem estudar. Se você quiser, posso dar-lhe algumas aulas, e no fim do ano você prestará exames junto com seu irmão."

Que alegria Raimundo sentiu. Foi correndo para casa para dar a notícia a seus pais.

O farmacêutico Kotowski tinha acertado. Raimundo fez progressos nos estudos e chegou a superar o irmão. Os pais resolveram então apertar ainda mais o cinto, e o matricularam na escola. E ele era sempre o primeiro da classe.

Em 1907, chegaram a Piabanice alguns franciscanos recrutando vocações. Raimundo e Francisco corajosamente pediram para serem aceitos no seminário menor de Lvov. Os pais estavam de acordo com aquela decisão. E o próprio pai acompanhou-os até Cracóvia, já na zona austríaca naquele tempo. Para chegar a Lvov tinham de cruzar a fronteira. Era uma travessia arriscada. Clandestinamente atravessaram com o coração nas mãos. Em Cracóvia o pai deixou-os, e eles sozinhos tomaram o trem para seu destino.

13. Décimo quarto dia

O *bunker* está quase vazio nesse décimo quarto dia. Três homens e mais frei Kolbe. Os três praticamente já agonizam. Até a morte é dolorosa para esses infelizes. Vão morrendo aos poucos. Somente nosso frei estava lúcido, mas em tal estado de inanição que já não aguentava ficar em pé, nem de joelhos.

Era o dia 14 de agosto, véspera da festa da Assunção da Imaculada, em corpo e alma ao céu. Viu seus últimos companheiros exalarem o último suspiro. Sua missão estava cumprida. Sua Missa terminou. *Ite, missa est!* (Partam, a missa está terminada!).

Nessa ocasião, lembra-se de Piabanice, sua terra natal. O pai trabalhava dez horas por dia, para conseguir o mínimo necessário para o sustento da família.

Seu pai, Júlio Kolbe era alto, louro, calmo e até um pouco calado. Não bebia, não fumava e era frequentador assíduo da igreja. Sua mãe, Maria Dabrowska, era uma esposa dedicada. Mocinha queria ser religiosa. Naquela época os russos não permitiam que houvesse conventos de religiosos ou religiosas. Elas viviam dispersas e sem o hábito religioso. Maria afirmava que preferia morrer do que se casar. Mas não aconteceu assim. Afinal escolheu o futuro companheiro com plena consciência. Ela era enérgica ao dirigir sua família, e às vezes até severa demais. Mas era preciso numa casa onde havia só homens.

Lembra-se que quando aprontava uma de suas pequenas travessuras, logo ia se deitar num banco e a varinha descia firme naquele lugar. Mas ele não se emendava, não.

Ele gostava da natureza. Plantava suas árvores. Após sua ordenação sacerdotal voltou a Piabanice, para ver suas queridas árvores. Elas lá estavam.

Um dia aprontou uma arte que tirou sua mãe do sério. Mas não era nada demais. Ainda, na verdade, não era um santo. Um tanto teimoso provocava a paciência de sua mãe. Um dia ela desabafou dizendo-lhe: "Meu Raimundo, o que será de você?"

Isso calou tão profundamente nele que, desse dia em diante houve uma transformação total no menino. A mãe começou a observá-lo. Ele entrou em crise. Tornou-se mais sério e mais obediente. Às vezes, desaparecia escondendo-se atrás de um armário, onde havia um pequeno altar dedicado a Nossa Senhora de Czestochowa, em que era acesa uma lamparina a óleo em certos dias da semana.

Escondido aí, rezava durante horas, e saía com os olhos vermelhos de tanto chorar.

Curiosa, sua mãe fez um verdadeiro bombardeio de perguntas. "Então, meu Raimundo, o que está acontecendo? Por que você vive chorando como uma menina? Você está doente?"

"Ele abaixava a cabeça e não respondia nada."

"Meu filho, não esconda nada para sua mãe. Não seja desobediente!"

E ele respondeu: "Não! Nada no mundo me fará desobedecer agora depois que a vi". Tremendo, com as lágrimas correndo pelo rosto, começou a dizer: "Mamãe, naquele dia em que a senhora me disse: 'Meu Raimundo, o que será de você?', fiquei com medo e corri perguntar a Nossa Senhora: 'O que será de mim?' Depois na igreja repeti a mesma pergunta. Então Nossa Senhora apareceu, trazendo nas mãos duas coroas, uma branca e uma vermelha. Com amor me perguntou: 'Qual delas você escolhe?' Com a coroa branca eu ficaria puro e com a vermelha morreria mártir. Eu respondi a Nossa Senhora: 'Fico com as duas'. Aí ela desapareceu. E quando nós vamos à igreja, parece-me que não estou só com papai e mamãe, mas com Nossa Senhora e São José".

Esse seu segredo será confirmado no Japão, quando Nossa Senhora promete e lhe garante o céu. Será isso que revelará a seus confrades em 1937. Ela será o norte de sua vida.

Frei Kolbe retoma suas recordações. É o menino feliz em Piabanice. Era um nenê nos braços de sua mãe. Como era gostoso sentir o calor do colo materno! E ele reza:
"Quero, ó Mãe, em teus braços queridos,
como filho pequeno dormir.
E assim esquecido do mundo
eu quisera, ó Mãe de ternura,
teu amor sentir..."

Está sentado num canto do *bunker*, com a cabeça um pouco inclinada. Vê o carrasco entrar com uma seringa na mão. Percebe tudo. Estende o braço descarnado para a picada fatal. Enquanto isso o carrasco vai lhe injetando o ácido mortal de fenol. Sente um fogo ir penetrando em seu corpo e ele ainda reza:

"E chorando de amor e alegria,
reclinado em teu coração,
eu quisera escutar de teus lábios
as palavras que dizes a todos
de amor, perdão..."

Com certeza não é o colo de sua mãe aqui deste mundo, mas o colo de sua Mãe Imaculada, que viera buscar seu filho, para amanhã com ela celebrar sua glória no céu.

Borgowiec estava presente. Ele diz que os outros corpos estavam imundos, enquanto o corpo de frei Kolbe estava limpo, e até brilhava. Não pode resistir a cena e fugiu. Afirmou: nunca irei esquecer a impressão que me causou.

A notícia de sua morte provocou muito choro junto de seus companheiros do bloco 14. Quiseram sepultá-lo, mas a lei era implacável. Devia ser cremado como os outros nos fornos crematórios que fumegavam dia e noite.

14. De volta

Leitor, você fez uma viagem até o Inferno. Teve essa coragem. Agora é convidado a voltar para lá. Mas não é mais o Inferno, porque como o poeta tornamos a ver as estrelas (Dante Alighieri).

Pode-se tomar um ônibus e fazer a viagem até Auschwitz. A conversa vai animada na viagem. De repente todos começam a se calar. Estão chegando ao antigo Campo de Concentração. A emoção começa a tomar conta do grupo. Todos descem do ônibus. Dá medo até de pisar naquele solo, porque aí foram espalhadas as cinzas de mais de quatro milhões de vítimas. Entre os trilhos da via férrea, e no bosque entre os cascalhos brancos, encontram-se ainda pedacinhos de ossos que não foram reduzidos a cinzas.

Preparem seus espíritos para as emoções. Aparece uma nuvem luminosa e no meio dela uma freira acompanhada de sua irmã. São judias convertidas ao cristianismo. Uma está revestida com o hábito das carmelitas. É uma filósofa célebre. É Edith Stein que fora presa na Holanda trazida para cá e morta na câmara de gás, e depois cremada.

Vem aquela jovenzinha tão simpática de grandes olhos negros com um caderno nas mãos. É seu diário, escrito numa água furtada na Holanda, onde ficara oculta por muitos dias com sua família. É Ana Frank. Traída, foi presa e trazida para Auschwitz. Morreu de tifo.

Agora vem aquele frade vestido com o hábito de São Francisco de Assis. Que simpatia. Tem um sorriso tão cativante nos lábios. Você já conhece um pouco, aliás, muito pouco de sua história. Frei Maximiliano Kolbe, declarado bem-aventurado no dia 17 de outubro de 1971 pelo Papa Paulo VI, e declarado santo por João Paulo II, no dia 10 de outubro de 1982. Mas o cicerone vem tirar todos desse sonho. E começa a mostrar aquilo que era um inferno: "Nesse bloco, que era o número 11, está o *bunker* da morte. Abre a porta. Agora está limpo e desinfetado. Mas dá um calafrio pôr os pés lá dentro. É uma sensação estranha.

Entre os blocos 11 e 13 vê-se o paredão dos fuzilamentos. É um alto muro, revestido de madeira preta, para as balas não ricochetearem. Ai também estão penduradas as cordas para os enforcamentos.

É preciso ver como eram os alojamentos dos prisioneiros. Vastos salões com miseráveis camas sujas, e trapos como cobertores. Ninho de pulgas e piolhos.

Passa-se para o outro lado. Há uma grande sala hermeticamente fechada, onde só uma porta permite a entrada. Era a câmara de gás, onde milhares e milhares de homens, mulheres e até crianças perderam a vida. No teto, algo imitando chuveiros. Eram os dispositivos por onde injetavam o gás sarin ou ziklon.

Aqui estão os fornos crematórios, que foram sempre mais aperfeiçoados para dar conta de cremar milhões de corpos. Eles fumegavam dia e noite.

Nessas alturas, todos os visitantes já estão totalmente emocionados. Mas o guia insiste. Vejam, todo o terreno está cercado com altas cercas de arame farpado e eletrificadas. Se alguém encostasse nelas seria eletrocutado... Foi nesse pátio que Frei Kolbe se ofereceu para morrer no lugar daquele pai de família.

Se ainda causa tanta sensação uma visita, após tantos anos, o que teria sido aquele inferno então? Um velho sobrevivente grita: "Não foi nada disso. Foi muito, mas muito pior". A viagem de volta é feita num silêncio total.

15. E ele foi glorificado!

O martírio de Frei Maximiliano Kolbe, logo após a Segunda Grande Guerra Mundial começou a comover não somente sua terra natal, a Polônia, mas toda a Europa, para não se dizer o mundo inteiro. E quando foram aparecendo relatórios sobre a heroicidade de seu ato, o mundo ficou pasmado ao constatar que, em pleno século XX, pudesse haver barbaridades e atrocidades como aquelas perpetradas nos campos de concentração.

De todas as partes do mundo começaram a chegar a Roma pedidos para que nosso herói fosse canonizado. Atendendo esses pedidos, já no dia 17 de dezembro de 1971 o Papa Paulo VI declarava Frei Maximiliano Maria Kolbe beato. E na solene beatificação, o Santo Padre Paulo VI fez a seguinte homilia:

"Maximiliano Kolbe Beato (Bem-aventurado). O que isso quer dizer? Quer dizer que a Igreja reconhece nele uma figura extraordinária, um homem em que a graça de Deus e a alma dele se uniram de tal modo e produziu uma vida estupenda, e quem observa com atenção descobre essa simbiose de um duplo princípio operante, o divino e o humano, misterioso um, experimental outro, mas complexo e dilatado a tal ponto de atingir aquele singular aspecto de grandeza moral e espiritual que chamamos santidade, isto é, perfeição atingida no parâmetro religioso que, como se sabe, desliza pelas alturas infinitas do Absoluto.

Beato, pois, quer dizer ser digno daquela veneração, isto é, daquele culto permitido, local e relativo, que implica a admiração para aquele que é objeto pelo qual fora extraordinário e magnífico nele reflexo do Espírito Santificante. Beato quer dizer ser salvo e glorioso. Quer dizer cidadão do céu, com todos os sinais peculiares do cidadão da terra. Quer dizer irmão e amigo que sabemos ainda nosso, até mais que nosso, porque identificado como membro operante da comunhão dos santos, que é aquele corpo místico de Cristo, Igreja vivente tanto no tempo como na eternidade. Quer dizer advogado por essa razão, e protetor no reino da caridade, juntamente com Cristo sempre vivo para poder interceder por nós (Hb 7,25; cf. Rm 8,34); quer dizer, finalmente, campeão exemplar, tipo de homem no qual podemos conformar nossa arte de viver, sendo a ele, ao Beato, reconhecido o privilégio do Apóstolo

São Paulo de poder dizer ao povo cristão "Sede meus imitadores, como eu o sou de Cristo" (1Cor 4,16; 11,1; Fl 3,17; cf. 1Ts 3,7).

16. Vida e obras do Beato

Assim podemos, de hoje em diante, considerar Maximiliano Kolbe o novo Beato. Mas quem foi Maximiliano Kolbe? Mas vós o sabeis, vós o conheceis. Tão próximo de nossa geração, tão envolvido pela experiência vivida desse nosso tempo. Tudo se sabe sobre ele. Talvez poucos outros processos de beatificação foram documentados como este. Somente por nossa moderna paixão pela verdade histórica lemos, quase que num resumo, o perfil biográfico do Padre Kolbe, devido eu ser um de seus mais assíduos estudiosos.

O Padre Maximiliano Kolbe nasceu em Zdusnka Wole, perto de Lodz, no dia 8 de janeiro de 1894. Entrou para o seminário dos Frades Franciscanos Conventuais em 1907. Foi mandado a Roma para continuar os estudos eclesiásticos na Pontifícia Universidade Gregoriana e no Seráfico de sua Ordem.

Ainda estudante idealizou um movimento, a Milícia da Imaculada. Ordenado padre no dia 28 de abril e regressando à Polônia, começou seu apostolado mariano, especialmente com a publicação mensal do *Rycerz Niepokalanej (O Cavaleiro da Imaculada),* que chegou a ter uma tiragem de 1 milhão de exemplares em 1938.

Maximiliano Kolbe - Seminarista em Roma

Em 1927 fundou a *Niepokalanów* (Cidade da Imaculada), centro de vida religiosa e de diversas formas de apostolado. Em 1930 partiu para o Japão, onde fundou uma semelhante Cidade da Imaculada.

Voltando definitivamente à Polônia, dedicou-se inteiramente a sua obra, com diversas publicações religiosas. A Segunda Guerra Mundial encontrou-o como chefe do mais imponente complexo editorial da Polônia.

No dia 19 de setembro de 1939, foi preso pela Gestapo que o deportou primeiramente para Lamsdorf (Alemanha), depois para o Campo de Concentração de Amtiz. Solto no dia 8 de dezembro de 1939, votou a Niepokalanów, retomando as atividades interrompidas. Preso de novo em 1941, foi encerrado na prisão de Pawiak, em Varsóvia, e depois deportado para o campo de concentração de Oswiecim (Auschwitz).

Tendo oferecido a vida em lugar de um desconhecido condenado à morte, como represália pela fuga de um prisioneiro, foi encerrado num *bunker* para aí morrer de fome e sede. No dia 14 de agosto de 1941, vigília da Assunção de Nossa Senhora, terminou sua vida por meio de uma injeção de veneno, e entregou sua bela alma a Deus, depois de ter dado assistência e conforto aos nove companheiros de desgraça. Seu corpo foi cremado. (Padre Ernesto Piacentini, OFMC).

17. O Culto da Imaculada Conceição

Mas, em uma cerimônia como esta, a apresentação biográfica desaparece na luz das grandes linhas-mestras sintéticas do grande Beato. E por isso fixemos por uns instantes o olhar sobre estas linhas que o caracterizaram, e o marcaram para nossa memória.

Maximiliano Kolbe foi um apóstolo do culto a Nossa Senhora, vista em seu privilégio esplendoroso, aquele de sua definição em Lourdes: Imaculada Conceição. Impossível separar o nome, a atividade, a missão do Padre Kolbe daquele de Maria Imaculada. É ele quem fundou a "Milícia da Imaculada" aqui em Roma, ainda antes de ser ordenado sacerdote, no dia 16 de outubro de 1917. E, hoje, até podemos comemorar esse aniversário! É conhecido como o humilde, o manso franciscano, com incrível audácia e com extraordinário gênio organizador, desenvolveu a iniciativa e fez da devoção à Mãe de Cristo, contemplada em sua veste solar (cf. Ap 12,1), o ponto focal da sua espiritualidade, de seu apostolado e de sua teologia.

Nenhuma hesitação abala nossa admiração, nossa adesão a esse intento que o novo Beato nos deixou como herança, como exemplo, como se também nós fôssemos descrentes de semelhante exaltação mariana, quando outras duas correntes teológicas e espirituais, hoje em dia prevalecentes no pensamento e na vida religiosa, como se aquela cristológica e aquela eclesiológica estivessem em competição com aquela mariologia. Nenhuma competitividade! Cristo, no pensamento de Kolbe, conserva não somente o primeiro lugar, mas o único lugar necessário e suficiente, absolutamente falando, na economia da salvação; nem o amor à Igreja e a sua missão é esquecido na concepção doutrinal ou na finalidade apostólica do novo Beato. Antes, justamente da complementaridade subordinada de Nossa Senhora, com respeito ao desígnio cosmológico, antropológico, soteriológico de Cristo, dela deriva toda a sua prerrogativa, toda a sua grandeza.

Nós bem o sabemos. E Kolbe, como toda a sua doutrina, toda a liturgia e toda a espiritualidade católica, vê Maria inserida no desígnio divino, como "Termo fixo do eterno Conselho", como a cheia de graça, como a sede da Sabedoria, como a predestinada à Maternidade de Cristo, como rainha do reino messiânico (Lc 1,33) e, ao mesmo tempo, a serva do Senhor, como a eleita a oferecer à Encarnação do Verbo sua insubstituível cooperação, como a Mãe do Homem-Deus, nosso Salvador. "Maria é aquela mediante a qual os homens chegam até Jesus, e Aquela mediante a qual Jesus chega até os homens" (L. BOUYER, *Le trône de la Sagesse*, p. 69).

Não há motivo para reprovar a nosso Beato, nem à Igreja com ele, o entusiasmo dedicado ao culto da Virgem; isso não será jamais comparável ao mérito, nem à vantagem de certo culto próprio para o mistério da comunhão que une Maria a Cristo, e que encontra no Novo Testamento uma convincente documentação, não se verá jamais verdadeira "mariologia", como não será jamais ofuscado o sol pelo brilho da lua, nem será jamais alterada a missão da salvação justamente confiada ao ministério da Igreja, se esta soube honrar em Maria uma sua Filha excepcional e uma sua Mãe espiritual.

O aspecto característico, se assim se quiser, mas por si mesmo ponto original, da devoção da "hiperdulia" do Beato Kolbe a Maria, é a importância que ele lhe atribui na conjuntura das necessidades presentes da Igreja, a eficácia de sua profecia a respeito da glória do Senhor e a reivindicação dos humildes, ao poder de sua intercessão, ao esplendor de sua exemplaridade, À presença de sua maternal caridade. O Concílio confirmou-nos nessa certeza, e agora do céu, Padre Kolbe ensina-nos e ajuda-nos a meditar e viver.

Esse perfil mariano do novo Beato qualifica-o e clarifica-o entre os grandes santos e entre os espíritos atuais que entenderam, veneraram e cantaram o mistério de Maria.

18. Trágico e grandioso fim

Depois, o trágico e sublime final da vida inocente e apostólica de Maximiliano Kolbe, e isso, principalmente devido à glorificação que hoje a Igreja celebra do humilde, manso, operoso religioso, discípulo exemplar de São Francisco e Cavaleiro apaixonado de Maria Imaculada. O retrato de seu fim no tempo, tão horroroso e dilacerante, do qual preferimos nem falar. Nem contemplá-lo, para não ver até onde pode chegar a degradação desumana de prepotência, que se faz da impossível crueldade sobre seres reduzidos a escravos indefesos e destinados ao extermínio, o pedestal de grandeza e de glória; e foram milhões esses seres sacrificados pelo orgulho da força e pela loucura do racismo.

Mas é necessário, todavia, repensar esse quadro tenebroso, poder afastar, aqui como lá, qualquer vislumbre de qualquer sobrevivente raio de humanidade. A história não poderá, ó meu Deus!, esquecer essa sua página pavorosa. E também não poderá não fixar o olhar estarrecido sobre os pontos luminosos que denunciamos, mas que juntamente vemos a inconcebível obscuridade.

Um desses pontos, e talvez o mais ardente e o mais brilhante é a figura extenuada e calma de Maximiliano Kolbe. Herói calmo e sempre piedoso e dependente, paradoxal mas cheio de confiança. Seu nome ficará entre os grandes, revelará quais as reservas morais de valores morais perduravam entre aquelas massas infelizes, e angustiadas, de terror e de desespero. Sobre aquele imenso vestíbulo de morte, eis pairar uma divina e imorredoura palavra de vida, aquela de Jesus que revela o segredo da dor inocente: ser expiação, ser vítima, ser sacrifício, e finalmente ser amor: "Não há maior amor do que dar a própria vida para os amigos" (Jo 15,13). Jesus falava de si mesmo na iminência de sua imolação pela salvação dos homens. Os homens são todos amigos de Jesus, se pelos menos escutam sua palavra. Padre Kolbe realizou, no fatal campo de Óswiecim a sentença do amor redentor, com dúplice título.

19. O Sacerdote outro Cristo
(Sacerdos alter Christus)

Quem não se lembra do episódio incomparável: "Sou um sacerdote católico", ele disse oferecendo a própria vida à morte, e que morte!, para conseguir a sobrevivência de um desconhecido companheiro de desventura, já escolhido pela cega vingança (salvou a vida do sargento Franciszek Gajowieczek, presente na beatificação). Foi um grande momento; a oferta foi aceita. Ela nascera de um coração treinado para o dom de si mesmo, como natural e espontânea, quase como uma consequência lógica do próprio sacerdócio. Não é o sacerdote um outro Cristo? Não foi Cristo sacerdote, a vítima redentora do gênero humano? Que glória, que exemplo para nós sacerdotes reconhecer no novo Beato um intérprete de nossa consagração e de nossa missão.

Que admoestação nessa hora de incerteza, em que a natureza humana quisera talvez fazer prevalecer seus direitos sobre a vocação sobrenatural ao dom total a Cristo em quem é chamado para seu seguimento. E que conforto pela diletíssima e nobilíssima fileira unida e fiel de bons padres e religiosos, que, também no legítimo e louvável intento de resgatá-la da mediocridade pessoal e da frustração social, assim concebem sua missão: "Sou um sacerdote católico", por isso ofereço minha vida para salvar a dos outros. Parece essa a mensagem que o Beato deixa particularmente a nós, ministros da Igreja de Deus, e analogamente dela aceitam o Espírito.

20. Filho da nobre e católica Polônia

E a esse título sacerdotal um outro se une: um outro comprovador de que o sacrifício do Beato tinha sua motivação em uma amizade: ele era Polonês. Como Polonês fora condenado para aquele terrível campo de concentração, e como Polonês ele trocava sua sorte com aquela à qual um seu conterrâneo, Francisco Gajownicek, fora destinado; isto é, sofreria a pena cruel e mortal em lugar dele. Quantas coisas surgem no espírito ao recordar este aspecto humano, social e ético da morte voluntária de Maximiliano Kolbe, filho também ele da nobre e católica Polônia.

O destino histórico de sofrimento dessa nação parece documentar esse caso típico e heroico da vocação secular do Povo Polonês para encontrar na comum paixão sua consciência unitária, sua missão cavalheiresca para a liberdade conseguida na dureza do sacrifício espontâneo de seus filhos, e sua prontidão de se doar uns pelos outros para a superação de sua vivacidade, numa universal concórdia.

Seu caráter indelevelmente católico que o marca como membro vivente e paciente da Igreja universal, sua firme convicção que na prodigiosa, e generosa proteção de Nossa Senhora, está o segredo de seu renascente florescimento são raios luminosos que se difundem do novo mártir da Polônia e fazem resplandecer a autêntica face desse país, e nos fazem invocar do Beato, seu típico herói, a firmeza na fé, o ardor na caridade, a concórdia, a prosperidade e a paz de todo o seu povo. A Igreja e o mundo alegram-se juntamente. Assim seja.

Franciszek Gajowniezek, prisioneiro que foi salvo por Maximiliano Kolbe

V
CANONIZAÇÃO

E, no dia 10 de outubro de 1982, João Paulo II inscrevia nosso herói como mártir no catálogo dos santos da Igreja.

Além das homilias dos dois Sumos Pontífices, vários articulistas enalteceram nosso santo em artigos do *L'Osservatore Romano*, dos quais vamos reproduzir alguns trechos no final deste livro.

Assim Luciano Marini escreve no supracitado jornal um artigo intitulado: *O Santo dos nossos dias*.

"Um santo é sempre um dom de Deus para a Igreja e para a humanidade. Maximiliano Kolbe o é de um modo particularmente eloqüente.

O grande historiador Daniel Rops escrevia: 'Houve sempre necessidade de santos; mas hoje é preciso um tipo especial. Penso em ti, Maximiliano Kolbe, cuja figura exemplar encarna no modo mais profundo a revolução contra o horror de nosso tempo, no qual, como dizia teu Pai São Francisco de Assis, *o amor não é amado*. Vejo-te mártir de nossos dias, no campo de concentração'.

Estamos atravessando uma época de desorientação.

Caíram as tradições do passado; estão vacilando também os valores e os ideais que os inspiraram. O homem perdeu os mais sólidos pontos de referência; não sabe mais em que coisa acreditar, em que coisa se agarrar para dar um sentido, uma direção à própria vida.

Kolbe mostra-nos, não somente com sua morte heróica, mas também com toda sua vida dedicada a um grande ideal, quanto a fé pode enriquecer de energia, de bondade, de generosidade, de espírito de sacrifício a vida de um homem.

Em um campo de concentração, em que o homem era privado de toda a dignidade, reduzido a um número; em que o desespero acabava por tornar as vítimas dispostas a tudo, a fim de garantir a própria sobrevivência física, Kolbe exaltou a irredutível dignidade do homem, escolhendo morrer por um irmão quase desconhecido. E fez isso seguindo o exemplo daquele que quis dar a vida por todos nós, para libertar-nos de nossa desumanidade, do mal que age em nós.

Por isso vemos no padre Maximiliano Maria Kolbe um verdadeiro mártir (testemunha de Jesus Cristo, mártir da caridade, do amor que salva e que dá a vida).

Cavaleiro da Imaculada, com imensos sonhos de conquistas, animador de corajosas iniciativas missionárias editoriais, ou trancado no *bunker da morte*, Kolbe dá-nos sempre a medida do que a graça pode fazer no homem e por meio do homem, feito instrumento do amor divino.

Em uma carta, quase prevendo seu fim neste mundo, ele escrevia: "Eu quereria ser reduzido a pó pela Imaculada e espalhado pelo vento no mundo".

Suas cinzas foram de fato espalhadas pelo vento. Os carrascos de Auschwitz não pensavam certamente, esvaziando o forno crematório, que estavam realizando o último desejo desse grande apóstolo.

Aquelas cinzas foram levadas pelo vento do Espírito ao mundo, suscitando fecundos germes de vida e de renascimento.

Toda a vida de Maximiliano Kolbe está marcada pelo encanto de duas coroas: a Coroa branca da inocência e a Coroa vermelha do martírio.

O branco e o vermelho, as cores da bandeira polonesa, os símbolos da Imaculada e do Espírito Santo, da pureza e do amor, são as cores dessa vida exemplar, a bandeira de uma nova humanidade mais autêntica e mais fraterna.

Nosso mundo, não obstante as conquistas da ciência e da técnica, corre o risco de voltar à barbárie. É como um carro, com o motor cada vez mais possante, mas que perdeu a direção, e não consegue manter a estrada, correndo o risco de ir ao encontro de um fim mais rápido e mais dramático. Expõe-se ao perigo de perecer por falta de significado, por falta de fraternidade, por falta de respeito ao homem.

Nessa situação, o Padre Maximiliano Kolbe eleva-se como uma bandeira com as cores da pureza (autenticidade) e do amor (fraternidade), mostrando a todos nós o caminho da esperança, daquela esperança que nasce da fé em Deus e da fé no homem.[5]

---

[5] MARINI, Luciano. In *L'Osservatore Romano*, p. 8-9, 10 outubro 1982.

1. Ele foi um exemplo de solidariedade

Ettore Masina, também no *L'Osservatore Romano*, exalta em um belo artigo a vida de Maximiliano Kolbe. Assim ele escreve:

Creio que Maximiliano Kolbe pode e deve ser considerado um santo atualíssimo. E vou tentar dizer o porquê.

• *O Bom Pastor*

Antes de tudo descubro nele um exemplo para os sacerdotes de todos os tempos. O gesto do pequeno frade polonês, que tem a coragem de sair dentre as filas dos prisioneiros e interpelar o comandante do campo, propondo-se como vítima, tem sua precisa conotação: "Sou um sacerdote católico", disse o padre Kolbe; é como se dissesse ainda: "e um sacerdote pode morrer mais livremente do que outros". No dia de sua ordenação (28 de abril de 1918) o sacerdote prostrou-se por terra e sobre ele o povo cantou a ladainha de todos os santos como se fosse um morto. Naquele dia o padre prometeu esforçar-se para imitar em tudo o único e verdadeiro sacerdote, Jesus Cristo. Também na morte. A própria aceitação do celibato, se foi uma escolha livre e responsável, foi uma preparação e uma condição para a liberdade de amar com o amor maior, aquele que leva a dar a vida pelos próprios irmãos. O sacerdote sabe que este gastar-se todo pelo amor dos irmãos é a obra-prima da própria vida.

• *O exemplo para as famílias*

Mas acho que Maximiliano Kolbe, exatamente pelas circunstâncias de seu martírio, pode e deve ser considerado um santo para as famílias. O que o levou a aceitar a morte foi o pranto de um pai de família condenado. Oferecendo-se para ir em seu lugar, o frei, que escolhera o celibato e que o tinha vivido, com uma devoção quase desconcertante, testemunha o valor da paternidade humana. Não sei se forço com minha fantasia a intuição que levou Kolbe, naquele fim de tarde, a ir ao encontro da morte: mas se o faço, faço por devoção e veneração. Parece-me que naquele momento Kolbe tenha querido colocar em evidência que um pai é tão, e talvez, mais importante do que um "pai espiritual"; porque o "pai espiritual" é, de fato, uma união espiritual com a paternidade de Deus, mas um pai real é necessário aos próprios filhos, também com pão e proteção, com afeto e exemplo. Talvez naquele dia, em Auschwitz, se colocou na alma da Igreja, o germe daquela reflexão que levaria o Papa Wojtyla (João Paulo II), no dia 14 de abril de 1982, a superar a tendência segundo a qual, por muitos séculos, foram contrapostos os cristão "perfeitos" e os cristãos "imperfeitos", isto é, os celibatários e os casados. E certamente, em Auschwitz, o sacrifício de um frade reafirmou a essencial importância dos pais de família: e é como o anúncio que os pais hoje, mais do que nunca, com tantas responsabilidades e dificuldades, podem contar com um protetor nos céus.

• *A coragem de opção*

E ainda: o voluntário ingresso de Maximiliano Kolbe no *bunker* da morte, não só inerme, mas também nu, não somente faz-nos lembrar o despojamento de Francisco (quando se converteu na praça de Assis, e no momento de sua morte), mas também a infinita série de discípulos de Cristo que, por amor, desceram aos "infernos dos vivos", aos lugares da dor, da humilhação, para levar a palavra e o testemunho do Evangelho. Pobre entre os pobres, desprezado entre os desprezados, eles, muito mais que as solenidades das grandes liturgias e o esplendor das catedrais, revelaram aos "mínimos" (os prediletos do Senhor) a essência da Igreja, seu anúncio de salvação e de ressurreição. E porque esses desceram "aos infernos", continuam ainda hoje, por graça de Deus; mas quase sempre todos nós estamos prontos a olhar com suspeita o padre ou frei "estranho", aquele que não vive tranquilamente no meio da gente de "bem", mas que se une aos "condenados desta terra"; eu creio que o padre Kolbe deve abrir--nos os olhos para o valor de algumas escolhas, também aquelas que parecem "sem sentido", ou "imprudentes" e até mesmo "escandalosas".

• *Todos o admiram*

A história de Frei Kolbe, pude constatar muitas vezes, não impressiona somente aqueles que acreditam e que podem considerar seu valor evangélico. Impressiona todos os homens e mulheres de boa vontade. Eles sabem que a humanidade inteira corre o risco de morrer por falta de fraternidade, de reconhecimento da dignidade de toda pessoa, e de toda raça; sabem que a verdadeira esperança não está mais, como um tempo nos iludíamos, no progresso científico, mas no saber — cada um e cada nação — despojar-se de privilégios a fim de que outros possam viver uma vida digna de homens. Sem essa convicção (e que cada um é importante, deve ser importante para todos), sem a capacidade de condividir os próprios bens com aquele que é mais pobre do que nós, não somente não construímos um mundo novo, mas somos corresponsáveis de uma situação em que milhões de homens, mulheres e crianças vivem nas mesmas condições atrozes que as dos deportados de Auschwitz.

Mas a capacidade de dividir os próprios bens

não é fácil e muitas são as desculpas que apresentamos. Há um fato que sempre me impressionou: o padre Kolbe não era somente um frade; era um homem genial, que soube dar vida a uma empresa editorial de grandes proporções. Fransciskus Gajowniezek, o homem que ele livrou da morte, era um pobre soldado. Kolbe podia pensar que, se conseguisse se salvar, teria ainda ocasião de fazer grandes coisas aos serviços dos próprios ideais; Franciskus, pelo contrário, teria sempre continuado a ser socialmente, um "insignificante". São Maximiliano não teve esse problema, ou pelo menos superou-o imediatamente: aquele pai de família que chorava, conduzido à morte, pareceu-lhe o próprio Cristo; e ele, portanto, sentiu-se um servo inútil; diante de o novo Calvário, tudo tomou uma dimensão nova para ele; compreendeu, ou intuiu que nenhuma ação mais sublime lhe seria consentida que a de salvar uma vida humana, uma vida humana qualquer, um homem desconhecido, mas muito conhecido porque irmão, em Jesus Cristo.

E é por isso que devemos dar um nome a esse mártir, um nome que nos guie em nosso testemunho de hoje e para o futuro; nós não podemos senão chamá-lo e invocá-lo, como o santo da "solidariedade".[6]

---

[6] MASINA, Ettore. In *L'Osservatore Romano*, p. 9, 10 outubro de 1982.

2. A morte que dá a vida

Há um testemunho também de um Bispo brasileiro, que escreveu o seguinte:

Frei Maximiliano Kolbe foi um grande místico. Dois foram seus amores maiores: São Francisco de Assis e Nossa Senhora, a Imaculada. Escreveu muito e seus escritos deixam transparecer uma espiritualidade forte e viril, feita de uma fé sólida, sem fendas, e de um amor incomensurável a Deus e aos irmãos.

Mas também foi homem de ação, chefe e organizador de talento. A devoção ardente que desde jovem o ligou à Mãe de Deus levou-o a criar, mesmo antes de ser sacerdote, a "Milícia da Imaculada", hoje em dia espalhada por todo o mundo. E, em união com a "Milícia", inúmeras iniciativas religiosas, todas de considerável atualidade, ainda hoje.

Foi transformador de futuros sacerdotes, orientador e guia de uma infinidade de cristãos consagrados — sacerdotes, religiosos e leigos.

A guerra surpreendeu-o em plena azáfama em sua "Cidade da Imaculada", em sua Polônia nativa. A terrível guerra que, como por uma fatalidade, começa pela invasão da Polônia, e, como outras infinitas vezes, culmina com a opressão e a humilhação de sua pátria. Todos conhecemos a tragédia dos bombardeamentos, das prisões por parte das forças nazistas, das deportações, dos campos de concentração e, como triste epílogo, da dominação soviética.

Num dia qualquer de 1940 (dia 17 de fevereiro de 1941), os esbirros da cruz gamada vêm prender o Padre Maximiliano como tinham levado muitos de seus irmãos e discípulos. Prisão. Farsa do processo sumário. Por fim, o internamento em Auschwitz.

....

Um dia o comandante do campo grita um nome. Um infeliz aterrorizado começa a chorar. Talvez não por si mesmo, talvez chorasse pela mulher e pelos filhos que, de então por diante, o esperariam em vão. Nessa altura levantou-se também o Padre Maximiliano e, como quem pede um favor, pediu que deixassem aquele companheiro, que ele iria em seu lugar. Levaram-no a ele, pelo menos não deixava atrás de si o desespero a angústia de uma mulher e dos filhos.

Foi a figura de um franciscano que mergulhou na noite a caminho da cela da morte", porque dali nunca ninguém saiu vivo.

....

A morte virá pela fome. Cada dia o físico, primeiro normal embora não robusto, do franciscano, torna-se mais depauperado. Depressa ficará reduzido a uma larva, um esqueleto.

À volta dele morrem, dia após dia, todos

aqueles (nove) que tinham sido transportados consigo. Melhor assim: dão lugares a outros. Há ainda muitos para serem trazidos ao *bunker*. E o Padre Kolbe, por que mistério não morre também?

No dia 14 de agosto de 1941, entra na cela um soldado e aproxima-se do frade, débil fio de vida num pobre corpo esquelético. Bem à vista, na mão do soldado, a seringa. O ácido cortaria aquele fio de vida. Conserva-se no Padre unicamente um pouco de força — o quanto basta para alongar espontaneamente o braço para a injeção fatal.

Ao receber a notícia da canonização do Beato Maximiliano Kolbe, pensei que a mesma bem se insere entre outros dois atos de João Paulo II. Em 1980, a encíclica *Dives in misericordia,* que encerra o mais vivo apelo ao perdão e à reconciliação, porque misericórdia é o nome do amor quando é tão forte que vence a ofensa e dá o perdão. Em 1983, o sínodo dos bispos sobre a reconciliação. Entre os dois atos, a proclamação da santidade do Padre Maximiliano.

Essa canonização é sustentáculo e estímulo. Nestes tempos de crise que estamos a viver, tempo de ódios desencadeados, de agressões e mortes em nome do humanismo da civilização e mesmo do Evangelho, ser-me-á agradável invocar, depois de 10 de outubro, já não o beato Kolbe, mas

São Maximiliano da caridade:
São Maximiliano da mansidão,
São Maximiliano da bondade,
São Maximiliano do perdão
E da reconciliação,
São Maximiliano da paz.[7]

Na morte do Frei Maximiliano Maria Kolbe há certos aspectos fundamentais que não posso deixar de assinalar.

Primeiro, é a morte de um inocente. É impossível encontrar nele o mais pequeno vestígio do mal. Seu delito: o de ser cristão, religioso e natural da Polônia. Somente o ódio cego e demente podia atacá-lo.

Segundo, é a morte que dá a vida a outro. Está vivo, passados 41 anos, aquele pai de família, cuja vida foi trocada pela de um filho de São Francisco. Esse assistiu à beatificação. Poderá assistir, assim o esperamos, também à canonização.

Terceiro, foi morte voluntária. Um mês, atrás de outro, com lucidez e com humilde coragem, ele caminha para o fim. No final, consciente, alonga o braço, e o último gesto é gesto de um homem livre.

Por fim, é morte de infinito perdão. Quem pôde testemunhar, sobre os acontecimentos do dia final, atesta que o Padre Maximiliano foi capaz de se confiar totalmente à morte, porque não tinha confiado nada de si mesmo ao ódio ou à amargura.

---

[7] NEVES, Lucas Moreira (Dom). In *L'Osservatore Romano*, 29 agosto 1982, p. 1 e 2.

São as quatro pontas da cruz de Cristo, as quatro dimensões da morte de Jesus.

Morte inocente: "Não fez nada de mal (Lc 23,41). "Andou de lugar em lugar fazendo o bem" (At 10,38).

Morte que dá a vida: "Morreria pela nação — e não só pela nação, mas para congregar na unidade os filhos de Deus dispersos" (Jo 11,37).

Morte voluntária: Ninguém me tira a minha vida, sou eu que a dou" (Jo 10,8).

Morte de perdão: "Pai, perdoai-lhes, porque não sabem o que fazem" (Lc 23,34).[8]

Chegou o momento de ouvirmos o depoimento da suma autoridade da Igreja. É a homilia do Papa João Paulo II, no dia 10 de outubro de 1982, por ocasião da canonização de Frei Maximiliano Maria Kolbe.

3. Solene Rito da Canonização

São Maximiliano Maria Kolbe, Sacerdote Mártir

Na Praça de São Pedro (10 de outubro de 1982):

Domingo, 10 de outubro, foi um memorável dia vivido pelos milhares de fiéis presentes na Praça de São Pedro para a Solenidade da Cano-

---

[8] Neves, Lucas Moreira (Dom). In *L'Osservatore Romano*, 29 agosto 1982, p. 1 e 2.

nização de Beato Maximiliano Maria Kolbe, a Segunda no Pontificado de João Paulo II.

O rito solene foi realizado durante a concelebração eucarística presidida pelo Santo Padre. Antes do "Glória", o Cardeal Palazzini, Prefeito da Sagrada Congregação para as causas dos Santos, apresentou ao Sumo Pontífice o pedido oficial de canonização, seguindo-se o canto da ladainha de Todos os Santos. Ao término desta invocação, o Santo Padre pronunciou solenemente a fórmula ritual: "Para a honra da Santíssima Trindade, para exaltação da fé católica e incremento da vida cristã, com a autoridade de Nosso Senhor Jesus Cristo, dos santos Apóstolos Pedro e Paulo e Nossa Senhora, depois de ter longamente refletido e invocado o auxílio divino e o de muitos Irmãos nossos no Episcopado, declaramos e definimos Santo o Beato Maximiliano Maria Kolbe, incluímo-lo no álbum dos santos e estabelecemos que em toda a Igreja ele seja devotamente cultuado entre os Santos Mártires. Em nome do Pai, do Filho e do Espírito Santo.

Essas últimas palavras foram acompanhadas de uma vibrante salva de palmas de todos, mas principalmente do grande número de peregrinos poloneses que viam exaltado um seu compatriota.

Eis o texto da Homilia pronunciada pelo Santo Padre:

"Ninguém tem maior amor do que aquele que dá a vida pelos seus amigos" (Jo 15,33)

A partir de hoje a Igreja deseja chamar "Santo" um homem a quem foi concedido realizar de maneira absolutamente literal as palavras do Redentor.

De fato, no final de julho de 1941, por ordem do chefe do campo de concentração foram colocados em fila os prisioneiros destinados a morrer de fome. Esse homem, Maximiliano Maria Kolbe, apresentou-se espontaneamente, declarando-se pronto a morrer em substituição a um deles. Essa disponibilidade fora aceita, e após mais de duas semanas de tormentos por causa da fome, foi-lhe enfim tirada a vida com uma injeção mortal, em 14 de agosto de 1941.

Tudo isso ocorreu no campo de concentração de Auschwitz, onde foram levados à morte durante a última guerra cerca de quatro milhões de pessoas, entre as quais a serva de Deus Edith Stein (a carmelita Irmã Teresa Benedita da Cruz), cuja causa de beatificação está em andamento junto à competente Congregação (Já foi canonizada por João Paulo II). A desobediência a Deus, Criador da vida, que disse "não matarás", causou nesse lugar o imenso morticínio de tantos inocentes. Nossa época, portanto, ficou marcada de maneira tão horrível pelo extermínio do homem inocente.

Padre Maximiliano Kolbe, sendo também ele um prisioneiro do campo de concentração, reivindicou, em lugar da morte, o direito à vida de um homem inocente, um dos quatro milhões. Esse homem (Franciszek Gajowniezek) vive ainda e está aqui presente entre nós. Padre Kolbe reivindicou em favor dele o direito à vida, ao declarar a disponibilidade em morrer no lugar dele, porque Francizsek era um pai de família e sua vida era necessária a seus entes queridos. Padre Maximiliano Maria Kolbe reafirmou assim o direito exclusivo do Criador à vida do homem inocente e deu testemunho a Cristo e ao amor. Escreve de fato o apóstolo São João: "Nisto conhecemos a caridade: ele (Jesus) deu a sua vida por nós, e nós devemos dar a vida pelos nossos irmãos" (Jo 3,16).

Dando sua vida por um irmão, Padre Kolbe, que a Igreja já desde 1971 venera como "bem--aventurado", de modo particular, tornou-se semelhante a Cristo.

Nós, portanto, que hoje, domingo, 10 de outubro, nos reunimos diante da basílica de São Pedro em Roma, desejamos exprimir o especial valor que aos olhos de Deus tem a morte por martírio do Padre Maximiliano Kolbe.

"É preciosa aos olhos do Senhor a morte de seus fiéis" (Sl 116,15), assim repetimos no Salmo responsorial. Verdadeiramente é preciosa e inestimável! Mediante a morte, que Cristo sofreu na Cruz, completou-se a redenção, pois essa morte tem o valor do amor supremo. Mediante a morte, sofrida pelo padre Maximiliano Kolbe, um límpido sinal desse amor foi renovado em nosso século, que em grau tão elevado e de múltiplos modos é ameaçado pelo pecado e pela morte.

Eis que, nesta solene liturgia da canonização parece apresentar-se entre nós aquele "mártir do amor" de Óswiecim (como o chamou Paulo VI) e dizer: "Eu sou vosso servo, Senhor, sou vosso servo nascido de vossa serva, a quem quebrastes as cadeias!" (Sl 116,16).

E, quase recolhendo num só sacrifício de toda a sua vida, ele, sacerdote e filho espiritual de São Francisco, parece dizer: "Que darei eu ao Senhor, por todos os seus benefícios? Elevarei o cálice da salvação, invocando o nome do Senhor" (Sl 116,12s.).

Essas são palavras de gratidão. A morte sofrida por amor, em lugar do irmão, é um ato heróico do homem mediante o qual, juntamente com o novo Santo, glorificamos a Deus. Dele de fato provém a graça de tal heroísmo — o martírio.

Glorificamos, portanto, hoje, a grande obra de Deus no homem. Diante de todos nós, aqui reunidos, padre Maximiliano Kolbe eleva seu "cálice da salvação", no qual está contido o sacrifício de toda a sua vida, ratificada com a morte de mártir "por um irmão".

Para esse sacrifício definitivo, Maximiliano preparou-se seguindo a Cristo desde os primeiros anos de sua vida na Polônia. Daqueles anos provém o misterioso sonho de duas coroas: uma branca e outra vermelha, entre as quais nosso santo não escolhe, mas aceita as duas. Desde os anos da juventude, de fato, penetrava-o um grande amor a Cristo e o desejo do martírio.

Esse amor e esse martírio acompanharam-no na vocação franciscana e sacerdotal, para a qual se preparou tanto na Polônia como em Roma. Esse amor e esse desejo seguiram-no através de todos os lugares do serviço sacerdotal e franciscano na Polônia, e também do serviço missionário no Japão.

A inspiração de toda a sua vida foi a Imaculada, à qual confiava seu amor por Cristo e seu desejo de martírio. No mistério da Imaculada Conceição manifestava diante de os olhos de sua alma aquele mundo maravilhoso sobrenatural da graça de Deus oferecida ao homem. A fé e as obras de toda a vida do Padre Maximiliano indicam que ele entendia sua colaboração com a graça divina como uma milícia sob o sinal da Imaculada Conceição. A característica mariana é particularmente expressiva na vida e na santidade do Padre Kolbe. Com essa característica foi marcado também todo o seu apostolado, tanto em sua pátria como nas missões. Na Polônia e no Japão foram como centro desse apostolado as especiais cidades da Imaculada ("Niepókalanov" polonês, e "Mugenzai No Sono" japonês), no campo de concentração em Auschwitz.

O que aconteceu no *bunker* (calabouço) da fome no campo de concentração em Óswiecim (Auschwitz), em 14 de agosto de 1941?

A isso responde a presente liturgia: "Deus

provou" Maximiliano Maria " e achou-o digno de si" (cf. Sb 3,5). Provou-o "como ouro na fornalha e aceitou-o como holocausto" (Sb 3,6).

Embora "aos olhos dos homens tenha sido atormentado", todavia "sua esperança está cheia de imortalidade", pois "as almas dos justos estão na mão de Deus e nenhum tormento as tocará". E, quando humanamente falando, lhes chegam o tormento e a morte, quando, "aparentemente estão mortos aos olhos dos insensatos..." quando, "sua saída deste mundo é considerada uma desgraça...." , "eles estão em paz": eles experimentam a vida e a glória "na mão de Deus" (Sb 3,1-4).

Essa vida é fruto da morte à semelhança da morte de Cristo. A glória é a participação em sua ressurreição.

Que aconteceu, então, no *bunker* da fome, no dia 14 de agosto de 1941?

Cumpriram-se as palavras dirigidas por Cristo aos Apóstolos para que "fossem e dessem fruto e o fruto permanecesse" (Jo 15,16).

De modo admirável perdura na Igreja e no mundo o fruto da morte heroica de Maximiliano Kolbe!

Para o que ocorria no campo de Auschwitz olhavam os homens. E embora aos olhos devesse parecer que "tivesse morrido" um companheiro de tormento, e de maneira humana pudessem considerar "sua saída" como "uma desgraça", todavia na consciência deles essa não era simplesmente "a morte".

Maximiliano não morreu, mas "deu a vida... pelo irmão".

Manifestava-se nessa morte humana, terrível sob o ponto de vista humano, toda a definitiva grandeza do ato humano e da escolha humana: ele, por amor, ofereceu-se espontaneamente à morte.

E nessa sua morte humana manifestava--se o transparente testemunho dado a Cristo: o testemunho dado em Cristo à dignidade do homem, à santidade de sua vida e à força salvífica da morte, na qual se manifesta o poder do amor.

Precisamente por isso a morte de Maximiliano Kolbe tornou-se um sinal de vitória. Foi essa a vitória alcançada sobre todo o sistema de desprezo e de ódio para com o homem e para com o que é divino no homem, vitória semelhante àquela obtida por Nosso Senhor Jesus Cristo no calvário.

"Vós sereis meus amigos se fizerdes o que eu vos mando (Jo 15,114).

A Igreja aceita este sinal de vitória, obtida mediante a força da Redenção de Cristo, com veneração e gratidão. Procura decifrar sua eloquência com toda a humildade e amor.

Como sempre, quando proclama a santidade de seus filhos e de suas filhas, assim também neste caso, ela procura agir com toda a precisão e responsabilidade devidas, penetrando em todos os aspectos da vida e da morte do servo de Deus.

Todavia a Igreja deve ao mesmo tempo, estar atenta, atendendo o sinal da santidade dado por Deus em seu servo terreno, para não deixarem se perder sua plena eloquência e seu significado definitivo.

E, por isso, ao julgar a causa do bem-aventurado Maximiliano Kolbe tiveram de ser tomadas em consideração — já depois da beatificação — as inúmeras vozes do Povo de Deus, e sobretudo de nossos Irmãos no episcopado, tanto da Polônia, como também da Alemanha, que pediam fosse Maximiliano Kolbe proclamado santo como mártir.

Diante da eloquência da vida e da morte do bem-aventurado Maximiliano, não se pode não reconhecer o que parece constituir o principal e essencial conteúdo do sinal dado por Deus à Igreja e ao mundo em sua morte.

Não constitui essa morte, enfrentada espontaneamente por amor ao homem, um particular cumprimento das palavras de Cristo?

Não torna ela Maximiliano particularmente semelhante a Cristo, modelo de todos os mártires, que na Cruz dá a própria vida pelos irmãos?

Essa morte não possui precisamente uma especial e penetrante eloquência para nossa época?

Não constitui ela um testemunho particularmente autêntico da Igreja no mundo contemporâneo?

E, por isso, em virtude de minha autoridade apostólica decretei que Maximiliano Maria Kolbe, venerado que era como Confessor a partir da Beatificação, fosse de agora em diante venerado também como Mártir.

"É preciosa aos olhos do Senhor a morte de seus fiéis."

Amém.[9]

Para nós, depois disso, resta-nos rezar:

Ó Deus, inflamastes São Maximiliano Kolbe Maria, presbítero e mártir, com amor à Virgem Imaculada e lhe destes grande zelo pastoral e dedicação ao próximo.

Concedei-nos, por sua intercessão, que trabalhemos intensamente pela vossa glória no serviço dos homens, para que nos tornemos semelhantes ao vosso Filho até a morte.

Por Nosso Senhor Jesus Cristo. Amém.

---

[9] JOÃO PAULO II. (Papa). In *L'Obsservatore Romano*, 10 outubro 1982, p. 1 e 3.

ÍNDICE

I. Agosto de 1939 3

II. Maiores desgraças ainda 7

III. A caminho do inferno 13
  1. Primeiro círculo do inferno.......................14
  2. Segundo círculo do inferno.......................18
  3. Terceiro círculo: Viagem ao inferno 19
  4. Chegamos ao quarto círculo do inferno 23
  5. Quinto círculo. Cada vez mais pavoroso 27
  6. O Bloco 14 era o sexto círculo do inferno ...31
  7. Sétimo círculo do inferno 37
  8. Oitavo círculo do inferno 49
  9. Nono círculo do inferno 53

IV. De novo no oitavo círculo 59
  1. Segundo dia no "*bunker* da morte" 59
  2. Terceiro dia 64
  3. Quarto dia 69
  4. Quinto dia 75
  5. Sexto dia..80
  6. Sétimo dia 86
  7. Oitavo dia...92

8. Nono dia...94
9. Décimo dia...100
10. Décimo primeiro dia..............................103
11. Décimo segundo dia..............................109
12. Décimo terceiro dia..............................113
13. Décimo quarto dia................................118
14. De volta..121
15. E ele foi glorificado 124
16. Vida e Obras do Beato 126
17. O culto da Imaculada Conceição.............129
18. Trágico e grandioso fim 131
19. O sacerdote outro Cristo 133
20. Filho da nobre e católica Polônia............134

V. Canonização 137
1. Ele foi um exemplo de solidariedade........140
2. A morte que dá a vida 145
3. Solene Rito da Canonização 149